wt Weiterbildung Technik

Herausgegeben von
H.-J. Warnecke, K. Lange, G. Stute
Band 3

Hartmut Hering

Gewerblicher Rechtsschutz

Patent, Gebrauchsmuster, Warenbezeichnung, Geschmacksmuster und ihre Behandlung

Mit 18 Abbildungen

Springer-Verlag
Berlin Heidelberg New York 1982

Bandautor

Dipl.-Ing. Hartmut Hering
Patentanwalt in München, zugelassener Vertreter vor den europäischen Patentbehörden

Reihenherausgeber

Dr.-Ing. Hans-Jürgen Warnecke
o. Professor, Institut für Industrielle Fertigung und Fabrikbetrieb der Universität Stuttgart

Dr.-Ing. Kurt Lange
o. Professor, Institut für Umformtechnik der Universität Stuttgart

Dr.-Ing. Gottfried Stute
o. Professor, Institut für Steuerungstechnik der Universität Stuttgart

Redaktionelle Bearbeitung

Dr.-Ing. Martin Görke
Schriftleiter der „wt Werkstattstechnik – Zeitschrift für industrielle Fertigung", Stuttgart

CIP-Kurztitelaufnahme der Deutschen Bibliothek

Hering, Hartmut:
Gewerblicher Rechtsschutz: Patent, Gebrauchsmuster, Warenbezeichnung, Geschmacksmuster u. ihre Behandlung / Hartmut Hering. – Berlin; Heidelberg; New York: Springer, 1981.
(Weiterbildung Technik; Bd. 3)

ISBN-13: 978-3-540-10996-9 e-ISBN-13: 978-3-642-81702-1
DOI: 10.1007/ 978-3-642-81702-1

NE: GT

Gesamtherstellung: K. Triltsch, Würzburg
2362/3020-543210

Geleitwort

Unsere heutige Zeit ist gekennzeichnet durch eine besonders rasante Ausweitung allen Wissens. Dementsprechend muß insbesondere jeder in der Technik Tätige seine in der Ausbildung erworbenen Kenntnisse und seine beruflichen Erfahrungen ständig am gültigen „Stand der Technik" überprüfen und weiterentwickeln. Er muß dem eigenen Wissen gegenüber kritikfähig sein und durch lebenslanges Lernen stets die neuesten Erkenntnisse und Ergebnisse des technischen Fortschritts übernehmen und beherrschen.

In vielen Fällen geraten im Laufe des Berufslebens die früher angeeigneten Grundlagenkenntnisse in Vergessenheit, oder sie müssen aufgrund der fortschreitenden naturwissenschaftlich-technischen Entwicklung eine neue Wertung erhalten. Eine ständige Weiterbildung ist also geboten, wenn man beruflich Erfolg haben will. Diese zu erleichtern, bemüht sich seit einiger Zeit die

wt Werkstattstechnik
Zeitschrift für industrielle Fertigung

mit der Aufsatz-Reihe unter dem Titel

wt Weiterbildung Technik.

In ihr wird nicht nur in gedrängter Form Grundlagenwissen vermittelt und durch beigefügte Aufgaben aufgefrischt, sondern es werden auch neuere Entwicklungen behandelt, die für den großen, fachlich weitgespannten Leserkreis einer der führenden fertigungstechnischen Fachzeitschriften von besonderer Bedeutung sind. Sie gestattet also sowohl eine Vertiefung an sich früher erworbener als auch eine Aneignung aktueller Kenntnisse, wodurch die Lösung vieler beruflicher Probleme durchsichtiger wird.

Die jeweils ein Thema umfassenden Beiträge dieser Aufsatz-Reihe werden nun in Buchform präsentiert. Sie bilden die Bände der neuen Buch-Reihe

wt Weiterbildung Technik,

die in zwangloser Folge erscheinen werden. Wo notwendig, sind Texte und Bilder gegenüber der Erstveröffentlichung in der Zeitschrift überarbeitet und ausgeweitet worden, so daß jedes Thema in sich wirklich abgeschlossen ist.

Herausgeber und Verlag erfüllen mit dieser Buch-Reihe einen oft geäußerten Wunsch der Leser unserer „wt“. Sie hoffen sehr, daß jeder einzelne Band seiner Aufgabe gerecht wird: den Leser zu unterstützen, sich beruflich weiterzubilden und dadurch seine fachliche Qualifikation zu erhöhen.

Stuttgart, im Herbst 1981 Die Herausgeber

Vorwort

Der gewerbliche Rechtsschutz ist gewissermaßen ein Grenzgebiet zwischen Rechtswissenschaft, Betriebswirtschaft und der Technik. Diese Wissenschaftsdisziplinen sind von unterschiedlichen Denkweisen und Zielsetzungen geprägt. Aus ihrem Spannungsfeld ergibt sich eine Vielschichtigkeit der Aufgaben des gewerblichen Rechtsschutzes.

Nahezu alle Forschungs- und Entwicklungsarbeiten kommen zwangsläufig mit Schutzrechtsproblemen in Berührung. Alle in Forschung und Entwicklung Tätigen verfügen im allgemeinen über keine oder nur über geringe Grundkenntnisse im gewerblichen Rechtsschutz.

Gerade dieser Personenkreis soll mit dem vorliegenden Band angesprochen und in die Grundlagen eingeführt werden, ohne juristische Grundkenntnisse vorauszusetzen. Selbstverständlich müssen deshalb aus Gründen der Übersichtlichkeit fallbezogene Einzelheiten entfallen, Gewichtungen vorgenommen und Verallgemeinerungen gemacht werden. Die einzelnen Schutzrechte werden einander gegenübergestellt. Ausgehend von ihrer jeweiligen Zweckbestimmung wird auch auf ihre praktische Bedeutung eingegangen. Insbesondere ist das Arbeitnehmer-Erfindergesetz in seinen Grundzügen abgehandelt. Grafische Darstellungen und mehrere Beispiele veranschaulichen den abgehandelten Stoff.

Auch die jüngsten internationalen Entwicklungen sind berücksichtigt. Sie beeinflussen in zunehmendem Maße die nationalen Bestimmungen. So wurde das deutsche Patentgesetz ab 1. 1. 1981 an das europäische Patentübereinkommen angepaßt.

München, im Herbst 1981 H. Hering

Inhaltsverzeichnis

1 Einführung

In allen Staaten der Erde, in deren Gesetzgebung der gewerbliche Rechtsschutz erfaßt ist, stimmen Grundtendenz und Ziel der rechtsschutzlichen Bestimmungen im wesentlichen überein.

1.1 Definition und Ziel

Unter dem Begriff *gewerblicher Rechtsschutz* werden gesetzliche Bestimmungen zusammengefaßt, die sich mit gewerblich verwertbaren schöpferischen Leistungen befassen.

Aus einer Menge oder der Summe aller geistigen Leistungen werden demnach die *gewerblich verwertbaren* Leistungen herausgehoben und nehmen eine Sonderstellung ein. Gewerblich verwertbar oder anwendbar ist eine Leistung, wenn sie ihrer Art nach geeignet ist, entweder in einem technischen Gewerbebetrieb (einschließlich der Land- und Forstwirtschaft) hergestellt oder in einem Gewerbe technisch genutzt zu werden. Hierbei genügt die Möglichkeit der bestimmungsgemäßen Verwendung im Gewerbe; es braucht kein Nachweis über eine tatsächliche Nutzung geführt zu werden.

Wenn der Schöpfer seine gewerblich verwertbare Leistung der Allgemeinheit zugänglich macht, erhält er als Gegenleistung eine zeitlich begrenzte und durch hoheitlichen Akt verliehene Monopolstellung, indem ihm auf seine Leistung ein Schutzrecht erteilt wird.

Diese Monopolstellung steht im Spannungsfeld des widerstreitenden Interesses der Allgemeinheit (geistiges Gemeingut), die das Bestreben hat, sich weitgehend frei entfalten zu können.

Die Interessen der Allgemeinheit und des schöpferisch tätigen Einzelnen, die zur Rechtfertigung der Monopolstellung zu erfüllen sind, werden durch gesetzlich geregelte Schutzvoraussetzungen abgegrenzt. Um der Allgemeinheit die Möglichkeit einer Kenntnisnahme zu geben, müssen zum Erwerb eines Schutzrechtes in der Regel bestimmte Formalitäten eingehalten werden, z. B. die Anmeldung bei einer zuständigen Behörde.

Die Verwertung eines geschaffenen, zu schützenden Gegenstands wird nicht nur durch die genaue Nachahmung, sondern auch durch die Benutzung in ähnlicher Form beeinträchtigt und behindert. Daher muß der Inhalt des Schutzrechts dem Erwerber alle Benutzungsarten vorbehalten, in denen sich der gewerbliche Wert des geschützten Gutes (Gegenstands) niederschlägt. Um dies zu gewährleisten, erstreckt sich der Schutzumfang des Schutzrechts auch auf ähnliche und verwechslungsfähige Gegenstände. Zur Berücksichtigung des Interesses der Allgemeinheit wird das Schutzrecht eingeschränkt, insbesondere durch eine zeitliche Begrenzung, die von Land zu Land verschieden ist: sie ändert sich in Abhängigkeit von der Schutzrechtsart.

Durch die mit der Schutzrechtserteilung erworbene Sonderstellung gegenüber anderen Gewerbetreibenden, insbesondere Konkurrenten, und der Allgemeinheit wird sichergestellt, daß der Schöpfer seine von ihm geschaffene Leistung umfassend verwerten kann.

Die Gewerbetreibenden sollen untereinander ständig zu Neuentwicklungen (Innovationen) angeregt werden, die sie zur Förderung des allgemeinen Fortschritts preisgeben, um die Lebensqualität aller zu verbessern. Das gesellschaftspolitische Ziel des gewerblichen Rechtsschutzes ist demnach darin zu sehen, den Wettbewerb unter den Gewerbetreibenden leistungsbezogen zu fördern und dem Schöpfer einer Leistung einen persönlichen Entfaltungsspielraum zur Verwertung seiner Idee zu sichern.

1.2 Internationale Entwicklung

Die schöpferische Tätigkeit wirkt sich nicht nur im Inland, sondern auch im Ausland aus. Aufgrund der supranationalen, z. B. auf der Ebene der Europäischen Gemeinschaft, und internationalen Verflechtung der Industrie wird dieser Trend immer stärker. Um der Notwendigkeit einer weltweiten Zusammenarbeit auf dem Gebiet des gewerblichen Rechtsschutzes Rechnung zu tragen, schlossen sich viele Staaten weltweit zusammen.

Der *„Pariser Übereinkunft zum Schutze des gewerblichen Eigentums“* (PVÜ) gehören neben den wichtigsten Industrienationen auch viele Staaten der dritten Welt an. Die Staaten als Mitglieder bilden einen Staatenverband, der den Schutz von Erfindungen, Mustern, Modellen, Fabrik- und Handelsmarken und Handelsnamen sowie das Unterdrücken des unlauteren Wettbewerbs zum Ziel hat. Nach mehrmaliger Überarbeitung bildet diese Verbandsübereinkunft die Hauptgrundlage zur Erlangung von Schutzrechten in anderen Ländern. Ein wesentlicher Bestandteil der Pariser Übereinkunft ist der Prioritätsanspruch. Wird der Gegenstand einer Erstanmeldung innerhalb eines in der PVÜ geregelten Prioritätszeitraums von höchstens zwölf Monaten in einem anderen Mitgliedsstaat hinterlegt, so hat diese Nachanmeldung aufgrund des Prioritätsanspruchs Vorrang vor anderen Anmeldungen innerhalb dieses Zeitraums in dem betreffenden Mitgliedsstaat. Innerhalb des Prioritätszeitraums kann somit dem Anmelder bei Nachanmeldungen in anderen Ländern kein Rechtsnachteil entstehen, da insbesondere der *Anmeldetag der Erstanmeldung* als maßgebender Zeitpunkt für die Neuheit der Nachanmeldung gilt. Die Behandlung solcher Anmeldungen unterliegt jedoch nach wie vor den gesetzlichen Bestimmungen der einzelnen Mitgliedsländer, so daß eine getrennte Hinterlegung mit Übersetzung für jedes gewünschte Land nötig ist.

Ausgenommen von dieser Regelung ist im wesentlichen nur die internationale Registrierung von Fabrik- und Handelsmarken sowie von Mustern (Geschmacksmustern). Diese können zentral über das Internationale Büro in Genf wirksam hinterlegt werden.

Erst vor kurzem ist als weltweiter Zusammenschluß der *„Vertrag über die internationale Zusammenarbeit auf dem Gebiet des Patentwesens“* (Patent Cooperation Treaty, abgekürzt PCT) in Kraft getreten. Hiernach wird zur Vereinheitlichung der Anmeldeverfahren mit einer Hinterlegung ein gemeinsamer Verfahrensabschnitt einschließlich der Ermittlung neuheitsschädlichen Materials durchlaufen. Anschließend teilt sich die Hinterlegung in getrennte Anmeldungen auf, die den jeweiligen nationalen Bestimmungen unterworfen sind.

Für Europa hat am 1. Juli 1978 das Europäische Patentamt seine Arbeit aufgenommen. Nach dem *„Europäischen Patentübereinkommen“* (EPÜ) wollen die Mitgliedsstaaten so zusammenarbeiten, daß das Erteilungsverfahren für die Mitgliedsstaaten gemeinsam und zentral durchgeführt wird. Anschließend zerfällt auch diese europäische Anmeldung in ein Bündel nationaler Patente. In einem Anschlußabkommen, dem *„Gemeinschaftspatentübereinkommen“* (GPÜ), ist beabsichtigt, das Patent nach der Erteilung als Einheit weiterzubehandeln. Dieses Übereinkommen ist bis jetzt noch nicht in Kraft getreten.

1.3 Schutzgesetze in der Bundesrepublik Deutschland

Die gewerblichen Schutzgesetze wollen das Gewerbe in seiner Entwicklung und Entfaltung fördern, indem sie die geistige und gewerblich verwertbare Leistung und die mit ihr verbundenen Interessen, z. B. die Verwertung, schützen. Zur Förderung des allgemeinen Fortschritts schaffen sie für den Einzelnen zur Entfaltung seiner leistungsbezogenen Aktivitäten einen Freiraum, in dem er vor Störungen und Beeinträchtigungen anderer sicher ist. Der Einzelne kann also das durch seine Leistung geschaffene Gut ungestört wirtschaftlich verwerten.

Im Vordergrund steht der Schutz privater Interessen, z. B. der Schutz des Interesses des Schöpfers der Leistung. Diese liegen vorrangig auf wirtschaftlichem Gebiet, da der Schöpfer das Ergebnis seiner Leistung gewinnbringend verwerten will. Zusätzlich hat der gewerblich Schaffende ein persönliches Interesse an dessen Leistung; es drückt sich in seiner Verbundenheit mit dem Leistungsergebnis aus.

Bei den Leistungen handelt es sich häufig um Güter, die Gebrauchsgüter für die Allgemeinheit sind. Daher muß bei der Ausgestaltung des Rechtsschutzes auch dem Gesichtspunkt des öffentlichen Interesses Rechnung getragen werden.

Verknüpft durch diesen inneren Zusammenhang und eingebettet in die Rechtsgrundsätze des bürgerlichen Gesetzbuches (BGB) umfaßt der gewerbliche Rechtsschutz in der Bundesrepublik Deutschland die Schutzgesetze:

- Patentgesetz,
- Gebrauchsmustergesetz,
- Geschmacksmustergesetz,
- Warenzeichengesetz,
- Wettbewerbsrecht,
- Sortenschutzgesetz und
- Arbeitnehmererfindergesetz.

Schutzgegenstand ist ganz allgemein die gewerbliche schöpferische Leistung des Einzelnen, die insbesondere als verwirklichtes Ergebnis (Patent, Gebrauchsmuster, Geschmacksmuster) oder als Kennzeichnung (Warenzeichengesetz) oder schon bei ihrer Entwicklung (Gesetz wider den unlauteren Wettbewerb, abgekürzt UWG) vor einer Nachahmung anderer geschützt wird. Ausgenommen vom gewerblichen Rechtsschutz ist das Urheberrecht, da es sich mit Schöpfungen auf kulturellem und nicht gewerblichem Gebiet befaßt.

Systematisch lassen sich die Gesetzesbestimmungen gliedern in:

- technische Schutzrechte,
- nichttechnische Schutzrechte und
- unmittelbar angrenzende Rechtsgebiete.

1.3.1 Technische Schutzrechte

Die *technischen* Schutzrechte befassen sich mit Erfindungen auf dem Gebiet der *Technik.* Unter dem Begriff Technik ist nach der

Definition in der Rechtssprechung eine Lehre zum technischen Handeln zu verstehen, die unter Nutzung beherrschbarer Naturkräfte zu einem kausal übersehbaren Erfolg führt. Im Gegensatz zu dem sprachüblichen Begriff der Technik wird nach dieser Definition nicht nur die unbelebte, sondern auch die belebte Natur erfaßt.

Unter dem Begriff technische Schutzrechte werden Patente und Gebrauchsmuster zusammengefaßt. Das Erlangen dieser Schutzrechte richtet sich nach dem Patentgesetz (PatG) und dem Gebrauchsmustergesetz (GebMG):

- *Patent.* Aufgrund einer ordnungsgemäßen Anmeldung erlangt ein Erfinder auf der Grundlage des Patentgesetzes ein subjektives Recht an seiner Idee. Diese Idee wird auf 20 Jahre begrenzt unter Schutz gestellt.
- *Gebrauchsmuster.* Das Gebrauchsmustergesetz bietet Schutz für weniger bedeutende technische Erfindungen, wenn es sich um Vorrichtungen handelt. Die Schutzdauer beträgt höchstens sechs Jahre.

Nach dem Patent- und Gebrauchsmustergesetz wird dem Erfinder *zum Schutze seiner Interessen* das Ergebnis seiner Leistung zugeordnet, indem ihm ein Schutzrecht gewährt wird. Das Schutzrecht entsteht in mehreren Stufen.

Mit der geschaffenen, fertigen und vollständigen Leistung erlangt der Erfinder das Recht auf das Schutzrecht, d. h. die Leistung wird unmittelbar an die Person des Erfinders und nicht an die des Anmelders gekoppelt. Dieses personengebundene Recht ist unveräußerlich, unpfändbar und kann auch durch einen Verzicht nicht von der Person des Erfinders gelöst werden.

Mit der Anmeldung der Erfindung entsteht sodann der Anspruch auf das Erteilen eines Schutzrechts. Hierdurch erhält der Erfinder ein Anwartschaftsrecht auf den Schutz seiner geschaffenen Leistung.

Die Monopolstellung mit den zugeordneten Abwehrmöglichkeiten gegen einen Eingriff durch andere erreicht der Erfinder nach der Anmeldung erst durch das *erteilte* Patent oder durch das *eingetragene* Gebrauchsmuster. Hierzu muß beim Patent das *Erteilungsverfahren* und beim Gebrauchsmuster das *Eintragungsverfahren* rechtswirksam zum Abschluß gebracht worden sein.

1.3.2 Nichttechnische Schutzrechte

Die *nichttechnischen* Schutzrechte befassen sich mit schöpferischen gewerblichen Leistungen, deren Ergebnis sich in anderen gewerbespezifischen Fachgebieten niederschlägt.

Den nichttechnischen Schutzrechten sind ganz allgemein gesetzliche Bestimmungen zuzurechnen, nach denen schöpferische gewerbliche Einzelleistungen unter Schutz gestellt werden, die *nicht* auf dem Gebiet der Technik liegen. Eine besondere Bedeutung kommt hierbei den Warenbezeichnungen und den Geschmacksmustern zu, die wegen des mit der Leistung verbundenen wirtschaftlichen Interesses und des einbezogenen Personenkreises eine starke Anziehungskraft ausüben:

- *Warenzeichen.* Das Warenzeichenrecht beschäftigt sich mit Warenkennzeichnungen (Marke, Warenzeichen) und Ausstattungen, die zur Unterscheidung von gleichen oder gleichartigen Erzeugnissen anderer Herkunft dienen. Hierdurch soll die Werbeleistung von Kaufleuten geschützt werden, die sich in Wort-, Bild- oder kombinierten Zeichen ausdrücken läßt. Die Schutzdauer ist beliebig verlängerbar.
- *Geschmacksmuster.* Das Geschmacksmustergesetz bestimmt den Schutz ästhetisch wirkender Gestaltungsformen wie Stoffmuster, Reifenprofile, Möbelmodelle und dergleichen. Der Musterurheber erwirbt durch Hinterlegung bei der Musterregistrierbehörde ein Ausschließlichkeitsrecht zur Verwendung des von ihm geschaffenen Formgedankens. Die Schutzdauer beträgt höchstens 15 Jahre.
- *Sortenschutz.* Das Sortenschutzgesetz betrifft Erfindungen von Pflanzensorten und Verfahren zur Züchtung einer solchen Pflanzensorte. Hierzu wird eine Sortenschutzrolle als Artenverzeichnis geführt.

1.3.3 Unmittelbar angrenzende Rechtsgebiete

Unmittelbar angrenzende Rechtsgebiete stellen übergreifende Gesetzesbestimmungen dar und dienen zur Ergänzung bestehender Gesetzeslücken, um zu gewährleisten, daß die sondergesetzlich nicht geschützten Ideen grundsätzlich frei verwendbar sind:

- *Wettbewerbsrecht.* Das „Gesetz wider den unlauteren Wettbewerb“ (UWG) schützt gewerbliche Leistungen, die sich in „eigenartigen“ Erzeugnissen (sklavischer Nachbau), im Ruf des Unternehmens, in geschäftlichen Beziehungen und in Geschäftsgeheimnissen niederschlagen. Hierdurch werden die laufende gewerbliche Betätigung und die Entfaltung des Unternehmens vor Eingriffen durch unlautere Wettbewerbshandlungen gesichert. Dem Unternehmen wird kein subjektives Recht an der Leistung eingeräumt, sondern es werden Schutztatbestände geregelt, deren Verletzung zivilrechtliche und strafrechtliche Anspru-

che zur Folge haben. Ein ergänzender Leistungsschutz läßt sich beispielsweise aus der Generalklausel in § 1 UWG ableiten, nach der die sittenwidrige Ausbeutung und Behinderung fremder gewerblicher Leistung verboten ist und schadensersatzpflichtig macht.
Das „Gesetz gegen Wettbewerbsbeschränkung" (GWB) wird dem Wettbewerbsrecht im allgemeinen Sinn zugerechnet. Das Gesetz will die Wettbewerbsfreiheit sichern und dadurch den Wettbewerb als Institution erhalten. Auch hat es die Aufgabe, Beschränkungen des Wettbewerbs durch vertragliche Vereinbarungen und durch Mißbrauch wirtschaftlicher Machtstellungen zu verhindern. Im Zusammenhang mit den gewerblichen Schutzrechten verfolgt das GWB das Ziel, eine Ausdehnung des Schutzrechts über seinen Inhalt hinaus durch vertragliche Abreden zu unterdrücken. Hierdurch soll eine vom Schutzzweck des Schutzrechts nicht erfaßte Beeinträchtigung der Wettbewerbsfreiheit vermieden werden.

- *Arbeitnehmererfindergesetz.* Das Arbeitnehmererfindergesetz (ArbEG) regelt den Übergang einer im Rahmen eines Dienst- oder Arbeitsverhältnisses entstandenen technischen Neuerung vom Arbeitnehmer zum Arbeitgeber. In Verbindung mit einer Meldepflicht des Arbeitnehmers kann der Arbeitgeber die technische Neuerung gegen eine angemessene Entschädigung in Anspruch nehmen. Nimmt der Arbeitgeber die Diensterfindung nicht ordnungsgemäß in Anspruch, ist sie für den Arbeitnehmer frei, und er kann allein unbeschränkt darüber verfügen.
- *Bürgerliches Gesetzbuch (BGB).* Zur Ergänzung der gewerblichen Schutzgesetze steht insbesondere das durch die Rechtssprechung anerkannte Recht am Unternehmen (am eingerichteten und ausgeübten Gewerbebetrieb) als absolutes, d. h. gegen alle wirkendes Recht, im Vordergrund. Es sichert ähnlich wie das Wettbewerbsrecht (UWG) die Unternehmerleistung ganz allgemein. Das Unternehmen zeichnet sich durch das Ergebnis der Unternehmungsleistung aus. Es ist ein im Verkehr verselbständigtes Gut, dem zusätzlich Einzelrechte und -güter wie Gebäude, Waren, Maschinen, Patentrechte und Warenzeichen zugeordnet sind.

1.3.4 Tabellarische Übersicht

Die wichtigsten gewerblichen Schutzrechte sind in *Tabelle 1* zusammengefaßt.

Tabelle 1. Gegenüberstellung der wichtigsten Schutzrechtsarten. DPA Deutsches Patentamt

Schutzrechte	Patent	Gebrauchsmuster	Geschmacksmuster	Warenzeichen
Gesetzliche Grundlage	PatG	GebMG	GeschmMG	WZG
Schutzgegenstand	Herstellungs- und Betriebsverfahren, Vorrichtung, Stoff, Verwendung	Vorrichtung, Raumform	ästhetische Formgebung, räumlich oder flächenhaft	Kennzeichnung, Warenverpackung, Dienstleistungsmarken
Hinterlegungsbehörde	DPA	DPA	Inländer: Registergericht des zuständigen Amtsgerichts Ausländer: DPA	DPA
Anmeldeerfordernisse	Antrag, Beschreibung (Zeichnung), Patentansprüche	Antrag, Beschreibung, Zeichnung, Schutzansprüche, Modell	Antrag, Muster, Fotografien, Modell	Antrag, Zeichen, auch Zeichenbeschreibung bei mehrteiligen Kennzeichnungen, Geschäftsbetrieb, Warenverzeichnis
Schutzbeginn	stufenweiser Aufbau bis zur Erteilung	Eintragung	Hinterlegung	Eintragung
Schutzdauer	20 Jahre ab Anmeldetag	3 + 3 Jahre ab Anmeldetag	3 bis 15 Jahre ab Hinterlegung	beliebig verlängerbar

Tabelle 1 (Fortsetzung). Gegenüberstellung der wichtigsten Schutzrechtsarten. DPA Deutsches Patentamt

Schutzrechte	Patent	Gebrauchsmuster	Geschmacksmuster	Warenzeichen
Gesetzliche Grundlage	PatG	GebMG	GeschmMG	WZG
Schutzwirkung	– ausschließliche Verwertung durch Inhaber – Verbot der Herstellung, des Vertriebs, des Anbietens und der Benutzung durch andere	– ausschließliche Verwertung durch Inhaber – s. Spalte Patent	– ausschließliche Verbreitung durch Hinterleger – Verbot der Nachbildung zur Verbreitung durch andere	– ausschließliche Benutzung des Zeichens durch Inhaber – Verbot der Verwendung des Zeichens oder verwechselbar ähnlicher Zeichen für gleiche und gleichartige Waren durch andere
Ansprüche bei Zuwiderhandlung	bei allen Schutzrechten:	– zivilrechtlich: Unterlassung, Beseitigung oder Schadensersatz oder – strafrechtlich: Haft- oder Geldstrafe		

2 Patent

Für alle vor dem 2. Januar 1968 eingereichten Anmeldungen ist noch das Patentgesetz alter Fassung gültig. Da dies nur noch in Ausnahmefällen anzuwenden ist, wird es hier nicht näher erläutert. Die Neufassung dieses Patentgesetzes alter Fassung ist seit dem 2. Januar 1968 wirksam (veröffentlicht Bundesgesetzblatt I, Nr. 953). Auf der Basis dieser Neufassung werden gegenwärtig im wesentlichen alle Anmeldungen behandelt. Ab 1. Januar 1978 ist eine weitere geänderte Fassung rechtsverbindlich, die im Bundesgesetzblatt I, Nr. 429, veröffentlicht ist. Diese Änderungen sind auf alle nach dem 1. Januar 1978 eingereichten Anmeldungen anzuwenden und beziehen sich im wesentlichen auf die Kriterien zur Beurteilung der Patentfähigkeit. Mit den Änderungen wird der Zweck verfolgt, die Fassung des deutschen nationalen Patentgesetzes an das Europäische Patentübereinkommen (EPÜ) anzugleichen. Gleichzeitig wurden die Gebühren für das Deutsche Patentamt (DPA) und das Bundespatentgericht (BPatG) erhöht und die Laufdauer des Patents von bisher 18 auf 20 Jahre verlängert. Ab 1. Januar 1981 sind weitere Änderungen in Kraft getreten (veröffentlicht im Bundesgesetzblatt I, Nr. 48), die einzelne Verfahrensvorschriften des nationalen deutschen Patentgesetzes an die Regelungen des Europäischen Patentübereinkommens (EPÜ) anpassen. Hierdurch ändert sich der Verfahrensablauf der Schutzrechtserteilung beim Patent.

2.1 Patentfähigkeit des Schutzgegenstands

Der Schutzgegenstand eines Patents ist die Erfindung. Sie ist patentfähig, wenn sie folgende Anforderungen erfüllt:

- sie muß eine Lehre zum *technischen Handeln* enthalten, muß also auf dem Gebiet der Technik liegen,
- sie muß neu sein,
- gewerblich verwertbar bzw. anwendbar sein,
- auf einer erfinderischen Tätigkeit beruhen,

- technisch fortschrittlich (Fassung des Patentgesetzes vom 2. Januar 1968) sein,
- ausreichend deutlich und vollständig offenbart und
- nützlich sein.

Von den genannten allgemeinen Voraussetzungen als Kriterien für die Patentfähigkeit spielen im Zuge des Erteilungsverfahrens die *Neuheit*, der *technische Fortschritt* und die *erfinderische Tätigkeit* bzw. die Erfindungshöhe die Hauptrolle. Nach ihnen richtet sich die Entscheidung des Deutschen Patentamts als Prüfungsbehörde, die entscheidet, ob Aussicht auf eine Patenterteilung besteht oder eine solche ausgeschlossen erscheint.

2.2 Nichtpatentfähige Erfindungen

In der ab 1. Januar 1978 gültigen geänderten Fassung des Patentgesetzes sind als Negativabgrenzung der Definition des Begriffs Technik folgende Lehren, trotz des Vorliegens einer Erfindung, vom Zugang zum Patentschutz ausgenommen. Diese Ausnahmetatbestände werden unter dem Begriff *nichtpatentfähige Erfindungen* zusammengefaßt. Obgleich diese Ausnahmetatbestände in der ursprünglichen Gesetzesfassung vom 2. Januar 1968 noch nicht gesetzlich geregelt waren, wurden die Grundsätze der nunmehr geregelten Ausnahmebestimmungen bereits schon zuvor von der Rechtsprechung entwickelt.

2.2.1 Entdeckungen

Bei einer Entdeckung wird lediglich etwas an sich Vorhandenes, jedoch bisher nicht allgemein Bekanntes, gefunden. Die Entdeckung beschreibt nur den Vorgang des Erkennens. Eine Entdeckung kann zur Erfindung werden, wenn aufgrund der gefundenen Erkenntnis eine Anweisung für ein bestimmtes Handeln vermittelt wird, d. h. die gewonnene Erkenntnis einer zweckgebundenen Bestimmung zugeführt wird. So ist beispielsweise das Auffinden der Röntgenstrahlen auch in Verbindung mit einem experimentellen Nachweis den Entdeckungen zuzurechnen, während das Anwenden der Röntgenstrahlen zum Beispiel zur medizinischen Behandlung eine Erfindung darstellt.

Eine besondere Art einer Entdeckung ist die sogenannte Funktionsentdeckung. Hierbei wird im Gegensatz zu der Entdeckung ganz allgemein nicht etwas Gegenständliches gefunden, sondern nur eine neue Brauchbarkeit von etwas Bekanntem. Wenn in einem weiteren Schritt die Verwendung der neuen Brauchbarkeit bzw. Funktion angegeben wird, fällt sie nicht mehr unter die Ausnahmeregelung und führt zu einer Erfindung.

Ein in der Natur vorkommender Stoff, ein sogenannter Naturstoff ist als solcher nicht patentfähig, selbst wenn man eine neue Brauchbarkeit desselben gefunden hat. Wird er aber einem bestimmungsgemäßen Zweck zugeführt, stellt die hierfür gegebene Lehre eine Erfindung dar.

2.2.2 Wissenschaftliche Theorien und mathematische Methoden

Den Hintergrund für die Gültigkeit der Ausnahmeregelung bei wissenschaftlichen Theorien und mathematischen Methoden bilden die Grundsätze zum Begriff der Entdeckung. An sich handelt es sich dabei um eine besondere Art einer Entdeckung, wobei mit Hilfe dieser Theorien und Methoden die Entdeckung wissenschaftlich haltbar gesichert wird. Die Theorien und Methoden können jedoch dann eine Basis für eine patentfähige Erfindung sein, wenn eine praktische Verwendung der wissenschaftlichen Erkenntnis gelehrt wird.

2.2.3 Ästhetische Formschöpfungen

Hierbei handelt es sich um ausschließlich ästhetisch wirkende Leistungen, die dazu bestimmt und geeignet sind, den Formen- und Farbensinn des Menschen anzuregen und willkürlich auf sein Geschmacksempfinden einzuwirken. Da es für derartige Leistungen das Geschmacksmuster als selbständiges Schutzrecht gibt und ein Doppelschutz nicht gerechtfertigt ist, sind sie von dem umfassenden Gebiet der Technik ausgenommen und als solche nicht patentfähig. Werden jedoch technische Mittel verwendet, um eine besondere ästhetische Wirkung zu erzielen, so handelt es sich um eine Erfindung. Allgemein gesagt ist das ästhetisch wirkende Endprodukt geschmacksmusterfähig, während die zum Erzielen dieses Effektes wesentlichen Maßnahmen patentfähig sein können.

Wie schwierig es in Wirklichkeit ist, die Grenze zwischen Geschmacksmuster und Patent zu ziehen, soll das Beispiel der Reifenprofile verdeutlichen. Zweifelsfrei handelt es sich beim Reifenprofil um eine wahrnehmbare Formgestalt. Häufig steht aber bei der Auslegung des Reifenprofils nicht die Anregung des Formensinns des Menschen im Vordergrund, sondern eine auf dem Anwendungsgebiet liegende Wirkung, z. B. die Verbesserung der Haftung des Reifens oder eine Verhinderung von Aquaplaning. Bei solchen Grenzfällen empfiehlt es sich, sowohl ein Patent als auch ein Geschmacksmuster anzumelden, um alle Schutzmöglichkeiten vollständig auszuschöpfen.

2.2.4 Pläne, Regeln und Verfahren

Unter der Kategorie Pläne, Regeln und Verfahren für gedankliche Tätigkeiten, für Spiele oder für geschäftliche Tätigkeiten werden sogenannte Anweisungen an den menschlichen Geist unter Nennung von Beispielen zusammengefaßt. Gemeinsam ist diesen Beispielen, daß zur Ausführung und Verwirklichung der Lehre eine menschliche Geistestätigkeit nötig ist. Bei derartigen Anweisungen muß der Benutzer durch seine eigene Denktätigkeit den gewünschten Erfolg herbeiführen.

Ein Heft beispielsweise, das auf seiner ersten Umschlagseite zur Kennzeichnung der Linierung der innenliegenden Blätter einen Ausschnitt dieser Linierung trägt, stellt eine gedankliche Tätigkeit dar. Bei der Verwirklichung dieser Lehre wird der Benutzer mit seinem Verstand tätig, wenn er die Schlußfolgerung zieht, daß der Ausschnitt der Linierung auf der Umschlagseite ein Symbol dafür sein soll, daß auch die Linierungen der innenliegenden Blätter gleich gestaltet sind.

Gedankliche Tätigkeiten

Bei gedanklichen Tätigkeiten handelt es sich beispielsweise um reine Gebrauchsanweisungen, Unterrichtsmethoden, Schriftformen wie Notenschrift und Kurzschrift. Farbige Markierungen verkörpern in den meisten Fällen einen Symbolgehalt, können aber auch als Bedeutungsträger technischer Natur sein, wenn sie nach ihrer Art und nach der Methode ihrer Anordnung hierzu geeignet sind. Auch Skaleneinteilungen und ähnliches sind nicht grundsätzlich von der Patentfähigkeit ausgeschlossen, sondern nur dann, wenn ihr Inhalt oder Symbolgehalt beansprucht wird. Material und Form der Skalen und des Skalenträgers sowie die Art der Anbringung können durchaus patentfähig sein.

Spiele

Spiele dienen zur Beschäftigung und zur Unterhaltung. Sie haben die Aufgabe, den Spieltrieb des Menschen zu befriedigen, ohne jegliches weitere praktische Ziel wie Spielregeln oder die Einteilung eines Brettspiels.

Geschäftliche Tätigkeiten

Unter geschäftlichen Tätigkeiten sind Leistungen auf kaufmännischem oder wirtschaftlichem Gebiet zu verstehen. Solche Tätigkeiten befassen sich beispielsweise mit der Buchhaltung, der Organisation, der Finanzierung, der Lagerhaltung, dem Rechnungswesen, der Geschäftsführung, der Werbung oder dergleichen.

2.2.5 Programme für Datenverarbeitungsanlagen

Motiv für die Ausnahmeregelung bei Programmen für Datenverarbeitungsanlagen sind die Schwierigkeiten hinsichtlich der Überprüfbarkeit und der Vergleichbarkeit bei derartigen Rechnerprogrammen. Ein Rechnerprogramm (Computerprogramm) erschöpft sich in einer Gebrauchsanweisung zum bestimmungsgemäßen Gebrauch bestimmter Vorschriften, nach denen eine Rechenvorschrift in eine Steueranweisung zum Betreiben eines Rechners umgesetzt wird.

Allerdings sind Lehren, einen Rechner nach einem bestimmten Programm zu betreiben, nach der Rechtsprechung nicht grundsätzlich vom Patentschutz ausgeschlossen. Eine derartige Lehre kann patentfähig sein, wenn das Programm einen neuen, erfinderischen Aufbau einer Rechenanlage erfordert und lehrt, oder wenn ihm die Anweisung zu entnehmen ist, die Anlage auf neue, bisher nicht übliche und auch nicht naheliegende Art und Weise zu benutzen.[1] Wenn nach den Anmeldeunterlagen eine *neue Brauchbarkeit* der Rechenanlage gelehrt wird, so ist diese Lehre auch dann patentierbar, wenn sie in Form eines Rechnerprogramms beschrieben ist.

2.2.6 Wiedergabe von Informationen

Unter der Wiedergabe von Informationen sind Tabellen, Formulare, Schriftanordnungen usw. zu verstehen. Demnach handelt es sich um eine Untergruppe der allgemein unter dem Begriff „Anweisungen an den menschlichen Geist“ zusammengefaßten nicht patentfähigen Gegenstände.

2.2.7 Therapeutische Behandlungsverfahren

Therapeutische Behandlungsverfahren sind wegen der mangelnden gewerblichen Anwendbarkeit *nicht patentfähig* und aus ethi-

---

1 Vgl. Entscheidung „Dispositionsprogramm“. BGH, GRUR 77, 96.

schen Gesichtspunkten heraus ausgenommen. Hierunter sind solche Verfahren zu verstehen, die zum Schutz des menschlichen Lebens, zur Erhaltung und Wiederherstellung der Gesundheit oder zur Linderung von Krankheitssymptomen bestimmt sind, insbesondere nach Verordnung eines Arztes. Daher sind therapeutische oder operative Maßnahmen und Eingriffe zur Verhinderung einer Glatzenbildung patentfähig.

Verfahrensmaßnahmen, z. B. zum Straffen einer alternden Haut ohne chirurgischen Eingriff oder kosmetische Behandlungsweisen wie Haarefärben, Nagellackieren oder Durchführen einer Dauerwellenbehandlung, tragen lediglich zum Wohlbefinden des Menschen bei und sollen diesen verschönern, so daß sie eine an sich patentfähige Lehre enthalten.

Erzeugnisse für therapeutische Behandlungen oder Verfahren, die eine bestimmte therapeutische Anwendung bezwecken, sind dem Patentschutz zugänglich. Das trifft insbesondere für alle Arzneimittel zu, auch in Form von Stoffgemischen und Diagnostika. Auch für technische Geräte, Instrumente und Apparaturen ist die Patentfähigkeit selbstverständlich grundsätzlich zu bejahen.

2.3 Patentkategorien

Entsprechend seiner Ausgestaltung ist der Gegenstand der Erfindung besonderen Arten zuzuordnen, deren Schutzumfang unterschiedlich ist. Es gibt auf Verfahren und auf Sachen gerichtete Patente.

2.3.1 Verfahrenspatente

Verfahrenspatente betreffen Einwirkungen auf ein Ausgangsmaterial als Grundwerkstoff (Substrat). In Abhängigkeit vom Zweck der Einwirkung auf das Ausgangsmaterial werden unterschieden Patente für:
- Herstellungsverfahren,
- Arbeitsverfahren und
- die Verwendung.

Herstellungsverfahren

Bei einem Verfahren zum Herstellen eines Produktes, im rein technischen Sprachgebrauch nach DIN 8580 Fertigungsverfahren genannt, wird auf das Ausgangsmaterial mit dem Ziel oder Zweck eingewirkt, es zu verändern. Das Ausgangsmaterial kann die Zustandsformen fest, flüssig, gasförmig haben oder irgendeinen energetischen Zustand einnehmen. Die Einwirkung kann mechanischer, physikalischer oder chemischer Art sein, z. B. wie beim Fräsen, Schweißen oder Ätzen. Das Herstellungsverfahren kann eine Änderung der äußeren Gestalt oder der inneren Beschaffenheit bewirken.

Beim Herstellungsverfahren erstreckt sich der Patentschutz auch auf das unmittelbar durch das Verfahren hergestellte Erzeugnis, unabhängig davon, ob dieses neu oder bekannt ist. Auch ist jede bekannte und nicht erfinderische neue Verwendung des Erzeugnisses unter Schutz gestellt.

Arbeitsverfahren

Beim Arbeitsverfahren wird auf ein Ausgangsmaterial derart eingewirkt, daß ein bestimmtes Arbeitsergebnis erreicht wird. Das Ausgangsmaterial wird dabei als solches wie beim Fördern, Reinigen oder Gefriertrocknen nicht verändert.

Im Gegensatz zum Herstellungsverfahren entfällt hierbei der unmittelbare Erzeugnisschutz, da das Ausgangsmaterial unverändert bleibt.

Verwendungspatent

Das Verwendungspatent bildet eine Untergruppe der Herstellungs- oder Arbeitsverfahrenspatente, es ist von der Verwendung abhängig. Hierbei umfaßt der Schutz nur die Verwendungsmöglichkeiten, er ist somit wesentlich enger als der des Herstellungs- oder Arbeitsverfahrens.

2.3.2 Sachpatente

Unter Sachpatente werden alle Erfindungen zusammengefaßt, die kein Herstellungs- oder Arbeitsverfahren enthalten. Der Patentschutz ist allumfassend, er umfaßt alle Herstellungs- und Verwendungsmöglichkeiten. Die Sachpatente gliedern sich in Patente für:

- *Bewegliche Sachen* mit bestimmten Eigenschaften oder mit körperlichen Gegenständen. Hierzu gehören beispielsweise Vorrichtungen oder Einrichtungen, die auch zur Durchführung von Herstellungs- oder Arbeitsverfahren vorgesehen sein können.
- *Anordnungen* oder *Schaltungen,* die aus räumlich und zeitlich nebeneinander wirkenden Arbeitsmitteln bestehen, z. B. elektrische Schaltungen.

- *Erzeugnisse,* die beispielsweise die Ergebnisse von Herstellungsverfahren sind. Solche Erzeugnisse werden jedoch nur geschützt, wenn sie die allgemeinen Patentierungsvoraussetzungen erfüllen, d. h. neu und erfinderisch sind.
- Auf dem Gebiet der Chemie gibt es noch als weitere Untergruppe die *Stoffpatente.* Hierbei wird die dem Stoff eigene, innere Beschaffenheit unter Schutz gestellt.

Grundsätzlich sind auch Mischformen mehrerer Patentkategorien zulässig. Die Wahl der Patentkategorie richtet sich im wesentlichen nach dem objektiven Inhalt der Anmeldung.

2.4 Neuheit

Es sind zwei Neuheitsbegriffe zu unterscheiden:

Relative Neuheit

Nach der Gesetzesfassung vom 2. Januar 1968 ist der Neuheitsbegriff beschränkt: *gegenständlich* auf öffentliche Druckschriften und offenkundige Vorbenutzung, *räumlich* auf im Inland vorgenommene Vorbenutzungshandlungen, *zeitlich* auf Druckschriften der letzten 100 Jahre. Alle sich hieraus ergebenden Umstände stehen dem Anmeldungsgegenstand als sogenannter Stand der Technik neuheitsschädlich entgegen.

Absolute Neuheit

Mit der am 1. Januar 1978 in Kraft getretenen Gesetzesänderung wurde zur Anpassung an das Europäische Patentübereinkommen (EPÜ) der Begriff der *absoluten* Neuheit eingeführt. Hierbei sind die vorgenannten Einschränkungen fallengelassen worden, so daß nunmehr alle Aufzeichnungs- und Wiedergabeweisen von technischen Sachverhalten berücksichtigt werden, die der Öffentlichkeit unbeschränkt zugänglich sind. Zusätzlich zu schriftlichen Beschreibungen müssen jetzt insbesondere auch eine mündliche Wiedergabe wie bei Vorträgen, Vorlesungen, Gesprächen, Radio- und Fernsehsendungen beachtet werden. Da solche Wiedergabemöglichkeiten von Amts wegen kaum zu ermitteln sind, dürften derartige neuheitsschädliche Umstände meist erst nach Beteiligung der Öffentlichkeit oder der Allgemeinheit an dem Prüfungsverfahren von Bedeutung sein. Aus Gründen des Nachweises dürfte jedoch lediglich die Behauptung einer vor dem maßgebenden Zeitpunkt, der als Anmelde- oder Prioritätstag bezeichnet wird, bekanntgewordenen mündlichen Wiedergabe nicht ausreichen. Dies trifft zumindest dann zu, wenn es von Seiten des Anmelders bestritten wird, so daß Beweismittel beizubringen sind. Wie verläßlich jedoch Zeugenaussagen beispielsweise als Beweismittel sind, die einige Jahre nach dem betreffenden Ereignis gemacht werden, ist hinreichend bekannt. Auch hat die Erfahrung gezeigt (wie auch auf anderen Rechtsgebieten), daß sich nach Ablauf eines größeren Zeitraums große Schwierigkeiten bei der eigentlichen Beweisführung ergeben. Ob diese Gesetzesänderung zu einer Vereinfachung des Erteilungsverfahrens bei Patenten führt, bleibt abzuwarten. Insbesondere bei wirtschaftlich bedeutungsvollen Erfindungen wird der Öffentlichkeit mit dieser mündlichen neuheitsschädlichen Vorwegnahme eine Möglichkeit eröffnet, in den Ablauf des Erteilungsverfahrens mit verschleppender Wirkung einzugreifen.

Bei dem absoluten Neuheitsbegriff, der vom Stand der Technik als Gesamtheit aller neuheitsschädlichen Umstände ausgeht, werden Benutzungshandlungen vor dem Anmelde- oder Prioritätstag auch auf anderen territorialen Hoheitsgebieten außer der Bundesrepublik Deutschland erfaßt. Benutzungshandlungen sind beispielsweise ganz allgemein Ausstellungen, z. B. eine Ausstellung in einem Museum oder in einer Schule sowie eine Messe. Es reicht selbst schon ein Lichtbildervortrag vor Fachleuten aus, wenn diese die wesentlichen Merkmale des Anmeldungsgegenstandes ohne weiteres erkennen können.

Schließlich zählen nach dem absoluten Neuheitsbegriff auch ältere Rechte bzw. ältere Anmeldungen zum Stand der Technik. Hierunter zählen Anmeldungen, die vor dem für die Neuheit maßgebenden Zeitpunkt angemeldet, jedoch nicht vorher zum Beispiel durch die Offenlegung veröffentlicht worden sind.

2.5 Technischer Fortschritt

Zwar ist auch in der Fassung des Patentgesetzes vom 2. Januar 1968 als allgemeine Voraussetzung für eine patentfähige Erfindung eine Forderung nach technischem Fortschritt nicht erwähnt. Diese Voraussetzung wurde jedoch von der Rechtsprechung mit der Begründung aufgestellt, daß der technische Fortschritt einer patentfähigen Erfindung enthalten sein muß. Demnach ist eine Lehre zum technischen Handeln nur fortschrittlich, wenn damit eine Bereicherung des Standes der Technik erreicht wird. Den Nachweis für den technischen Fortschritt, wenn er bezweifelt wird, muß der Anmelder führen, indem er beispielsweise Vorteile oder das Vermeiden von Nachteilen geltend macht. Da eine Anmeldung wegen eines mangelnden technischen Fortschritts nur äußerst selten zurückgewiesen wurde, hatte diese allgemeine Patentierungsvoraussetzung beim Erteilungsverfahren nur eine sehr untergeordnete Bedeutung. Auch scheint es nahezu sinnwidrig, ein Schutzrecht anzumelden, wenn es nicht verwertbar oder verwendbar ist, zumal da doch damit relativ hohe Gebühren verbunden sind.

Zu Recht ist deshalb in der am 1. Januar 1978 in Kraft getretenen geänderten Fassung der technische Fortschritt als eigenständige Voraussetzung der Patentfähigkeit *nicht* eingeführt worden. Die Patenterteilung kann für alle nach dem 1. Januar 1978 hinterlegten Anmeldungen nicht mehr wegen mangelnden technischen Fortschritts abgelehnt werden. Auch wenn hierdurch die Gefahr besteht, daß technisch rückschrittliche Anmeldungen zur Erteilung führen, so dürfte doch diese Gefahr in Anbetracht der mit der Anmeldung verbundenen Kosten relativ gering sein. Letztlich setzt sich eine technisch fortschrittliche Lösung schneller und einfacher durch, so daß der Gesichtspunkt des technischen Fortschritts schon allein bei der Erwägung der Anmeldung und/oder der Aufrechterhaltung eines Schutzrechts berücksichtigt wird.

2.6 Erfinderische Tätigkeit

Mit der allgemeinen Patentierungsvoraussetzung, der erfinderischen Tätigkeit bzw. der Erfindungshöhe, soll sichergestellt werden, daß zwischen dem Bekannten, dem Stand der Technik als Gesamtheit aller neuheitsschädlichen Umstände und einer geschützten Erfindung ein quasi patentfreier Raum freigehalten wird. Dieser ist für stetige Weiterentwicklungen auf dem Gebiet der Technik bestimmt, die behinderungsfrei von der Allgemeinheit betrieben werden können. Demnach ist eine schöpferische Leistung mit einer erfinderischen Tätigkeit verbunden, wenn sie vom Durchschnittsfachmann, der auf diesem Gebiet tätig ist, bei herkömmlicher Arbeitsweise nicht erreicht werden kann. Bei dieser Beurteilung wird der Stand der Technik als Gesamtheit in einer Art Gesamtschau unter Verknüpfung der einzelnen neuheitsschädlichen Umstände berücksichtigt. Da die Beurteilungsmaßstäbe von Einzelfall zu Einzelfall unterschiedlich zu bewerten und anzuwenden sind, lassen sich keine allgemeingültigen Richtlinien angeben. Die Hauptschwierigkeit bei der objektiven Beurteilung dieser Voraussetzung liegt in der Tatsache, daß der Stand der Technik ohne Kenntnis der Anmeldung zu werten ist, obgleich er nach Kenntnis der Erfindung an sich erst ermittelt werden kann. Es bedarf somit einer sehr starken Verallgemeinerung (Abstraktion), um die Objektivität dieser allgemeinen Voraussetzung der erfinderischen Tätigkeit einzuhalten.

2.7 Schutzrechtserteilung

Im Abschnitt 1 wurden die wesentlichen Schutzrechte angegeben und einander gegenübergestellt, die auch unter der Bezeichnung *Leistungsschutzrechte* zusammengefaßt werden. Für ihre Erteilung müssen im wesentlichen zwei Voraussetzungen erfüllt sein:

- eine *formale* (ordnungsgemäße Hinterlegung und Offenbarung) und
- eine *materielle* (absolute Schutzfähigkeit und Qualität der Leistung)

Während des *Patenterteilungs-Verfahrens* werden die formellen und materiellen Erfordernisse insgesamt überprüft, so daß das Patent ein vollständig geprüftes Schutzrecht ist.

2.7.1 Formale Erfordernisse

Zur ordnungsgemäßen Hinterlegung oder Anmeldung sind ein Antrag, eine Beschreibung, gegebenenfalls eine Zeichnung und Patentansprüche notwendig. Der Anmeldeantrag muß Angaben über die Personen-Identität (Name und Anschrift) enthalten und das Begehren erkennen lassen, ein Patent zu erlangen. Hierzu gibt es Antragsformulare, die im Fachhandel oder beim Deutschen Patentamt erhältlich sind.

Die Beschreibung ist so abzufassen, daß das Wesen der geschaffenen Leistung auch für andere verständlich zum Ausdruck kommt. Am Ende der Beschreibung ist in Form von Ansprüchen anzugeben, was also nach Auffassung des Anmelders unter Schutz gestellt werden soll. Weitere Einzelheiten in bezug auf die Formvorschriften lassen sich dem Merkblatt für Patentanmelder entnehmen.

2.7.2 Erteilungsverfahren

Nach Eingang der Anmeldeunterlagen beim Deutschen Patentamt als Hinterlegungsbehörde erhält die Anmeldung einen Eingangsstempel, der den *Anmeldetag* festlegt.

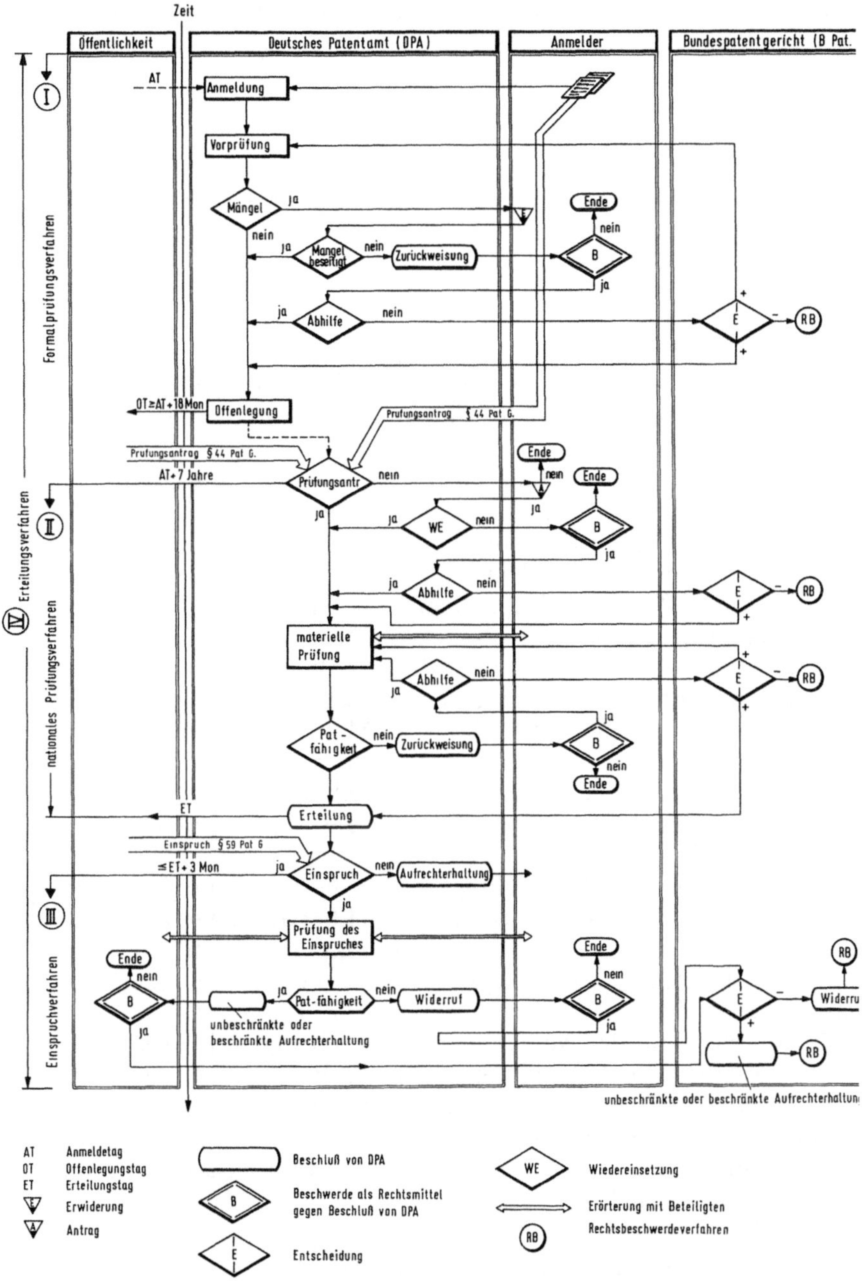

Bild 1. Ablauf des Patent-Erteilungsverfahrens.

Ⓘ Formalprüfverfahren
ⒾⒾ Materielles Prüfverfahren
ⒾⒾⒾ Einspruchverfahren
ⒾⓋ Erteilungsverfahren

Hieran schließt sich das Erteilungsverfahren (*Bild 1*) insgesamt an, das sich in drei Hauptabschnitte gliedert:

I Formalprüfung.
II Materielle oder sachliche Prüfung.
III Einspruchsverfahren.

Im *Bild 1* ist der Verfahrensablauf des Erteilungsverfahrens unter Zuordnung zum Anmelder, zur Öffentlichkeit und zu den deutschen Patentbehörden (Deutsches Patentamt (DPA) und Bundespatentgericht (BPatG)) dargestellt.

2.7.2.1 Formalprüfung (I)

Unmittelbar nach Eingang der Anmeldeunterlagen wird im Deutschen Patentamt als Abschnitt I des Erteilungsverfahrens die Vorprüfung durchgeführt.

Befaßt sich die Anmeldung mit einem technischen Gegenstand und genügt sie den formellen Anforderungen offensichtlich, so wird die Vorprüfung mit einem positiven Ergebnis abgeschlossen.

Bei der Vorprüfung wird auch ermittelt, ob nach den Anmeldeunterlagen offensichtlich nur Schutz für einen einzigen Gegenstand beansprucht wird oder ob mehrere miteinander nicht unmittelbar verknüpfte Schutzgegenstände enthalten sind, d. h. ob die Anmeldung einheitlich oder uneinheitlich ist.

Wird beim Vorprüfungsverfahren ein Mangel festgestellt, so fordert das Deutsche Patentamt den Anmelder zur Beseitigung auf, und er kann sein Ziel mit dem Rechtsmittel der Beschwerde bis zu einer endgültigen Entscheidung durch das Bundespatentgericht verfolgen.

Nach Abschluß der Vorprüfung werden die Anmeldungsunterlagen der Öffentlichkeit zugänglich gemacht. Hierzu veröffentlicht das Deutsche Patentamt *frühestens* 18 Monate nach dem Anmelde- oder Prioritätstag eine Offenlegungsschrift, die die Anmeldeunterlagen wiedergibt.

Unmittelbar mit der Anmeldung oder auch später, jedoch spätestens 7 Jahre nach Anmeldung, kann ein Rechercheantrag nach § 43 PatG gestellt werden, worauf das Patentamt Druckschriften ermittelt, die dem Anmeldungsgegenstand entgegenstehen. Aus Übersichtlichkeitsgründen wurde dieser Verfahrensabschnitt im *Bild 1* nicht dargestellt.

2.7.2.2 Materielle oder sachliche Prüfung (II)

Der Abschnitt II des Erteilungsverfahrens wird durch einen Prüfungsantrag nach § 44 PatG eingeleitet, der innerhalb von sieben

Jahren nach dem Anmeldetag beim Patentamt eingehen muß. Er kann vom Anmelder oder auch von irgendeinem beliebigen Dritten gestellt werden. Wird er nicht gestellt, so gilt die Anmeldung als zurückgenommen. Der Anmelder hat dann noch die Möglichkeit, durch einen Wiedereinsetzungsantrag nach Ablauf von sieben Jahren die Prüfungsantragstellung wirksam nachzuholen, wenn er ausreichende Gründe vorträgt.

Nach Eingang des Prüfungsantrags und der Zahlung der vorgeschriebenen Gebühr wird die Anmeldung sachlich oder materiell ausschließlich unter Beteiligung des Anmelders geprüft. Hierbei steht die Patentfähigkeit im Vordergrund. Diese wird im wesentlichen an zwei Kriterien gemessen:

- Neuheit und
- Erfindungshöhe oder Erfindungsqualität.

Zur Neuheit ermittelt die im Patentamt zuständige Prüfungsstelle Umstände, die der Neuheit des Schutzgegenstands entgegenstehen. Insbesondere kommen Patentschriften auch anderer Staaten, z. B. Frankreichs und der USA, oder andere Veröffentlichungen in Betracht, die der Allgemeinheit vor dem Anmeldetag der zu prüfenden Anmeldung zugänglich gewesen sind[1]. Die Erfindungshöhe beschäftigt sich mit dem Fragengebiet, ob sich die geschaffene Leistung ohne weitere Überlegungen aus dem Stand der Technik ergibt. Trifft dies zu, so rechtfertigt die geschaffene Leistung keine Patenterteilung[2]. Unter ausschließlicher Beteiligung des Anmelders werden die hierbei auftretenden Probleme erörtert und wenn nötig die Unterlagen überarbeitet.

Fehlt dem Anmeldungsgegenstand die Neuheit und/oder die Erfindungshöhe, wird die Anmeldung durch Beschluß vom Patentamt zurückgewiesen. Mit dem Rechtsmittel der Beschwerde kann der Anmelder eine endgültige Entscheidung durch das Bundespatentgericht erwirken. Hält die Anmeldung der materiellen Prüfung stand, so wird ein Patent erteilt. Hierzu veröffentlicht das Patentamt im deutschen Patentblatt einen Hinweis und gibt eine Druckschrift heraus. Mit der Erteilung ist der Verfahrensabschnitt II (Materielle und sachliche Prüfung) abgeschlossen und die ausschließliche Verfahrensbeteiligung des Anmelders beendet.

2.7.2.3 Einspruchsverfahren (III)

Innerhalb von drei Monaten nach Erteilung kann jeder beliebige Dritte, quasi als Vertreter der Öffentlichkeit, Einspruch gegen die

1 Näheres hierzu im Abschnitt 2.4
2 Vgl. Abschnitt 2.6

Patenterteilung erheben. Eine Einspruchserklärung und eine Begründung müssen vor Ablauf dieser Einspruchsfrist beim Deutschen Patentamt eingegangen sein. Hierdurch wird der Verfahrensabschnitt III (Einspruchsverfahren) eingeleitet. Als Einspruchsgründe kommen in Betracht:

- mangelnde Patentfähigkeit (Neuheit, Erfindungshöhe),
- älteres Recht bzw. ältere Anmeldung,
- widerrechtliche Entnahme.

Nach der am 1. 1. 1978 in Kraft getretenen Neufassung des Patentgesetzes kommen als Einspruchsgründe hinzu:

- unzulässige Erweiterung und
- mangelnde ursprüngliche Offenbarung.

Der Einsprechende hat im Einspruchsverfahren eine parteiähnliche Stellung, die der Verfahrensstellung des Anmelders gleichwertig ist. Im Dialog mit der Partei der Einsprechenden und der Partei des Anmelders werden die vorgebrachten entgegenstehenden Gründe vor der Patentabteilung erörtert. Nach eingehender Diskussion beschließt die Patentabteilung gegebenenfalls unter Änderung des erteilten Patents, es beschränkt oder unbeschränkt aufrechtzuerhalten oder zu widerrufen.

Den Verfahrensbeteiligten (Einsprechende und Anmelder) steht gegen diesen Beschluß das Rechtsmittel der Beschwerde zu, mit der sie ihr Begehren bis zu einer endgültigen Entscheidung durch den Bundesgerichtshof weiterverfolgen können. Mit einer rechtswirksamen Entscheidung wird das Einspruchsverfahren abgeschlossen und im Falle der Aufrechterhaltung werden die Unterlagen als Patentschrift möglicherweise neu gedruckt.

Abweichend vom Ablauf nach *Bild 1* tritt anstelle der Erteilung die Bekanntmachung, wenn die Patentanmeldung bis Ende des Jahres 1980 bekannt gemacht oder ihre Bekanntmachung schon vorbereitet war.

2.7.2.4 Rechtsbeschwerdeverfahren (RB)

Der Ablauf des Rechtsbeschwerdeverfahrens ist im *Bild 2* schematisch unter Zuordnung zu den beteiligten Parteien und zum Bundesgerichtshof (BGH) gezeigt.

Alle zweitinstanzlichen Beschlüsse als Entscheidungen der Beschwerdesenate des Bundespatentgerichts (BPatG) sind rechtsbeschwerdefähig. Die Rechtsbeschwerde ist, unabhängig von ihrer Zulassung, innerhalb eines Monats nach Zustellung des beschwerenden Beschlusses beim Bundesgerichtshof schriftlich einzulegen. Die Rechtsbeschwerde ist ein der Revision im Zivilprozeß ähnli-

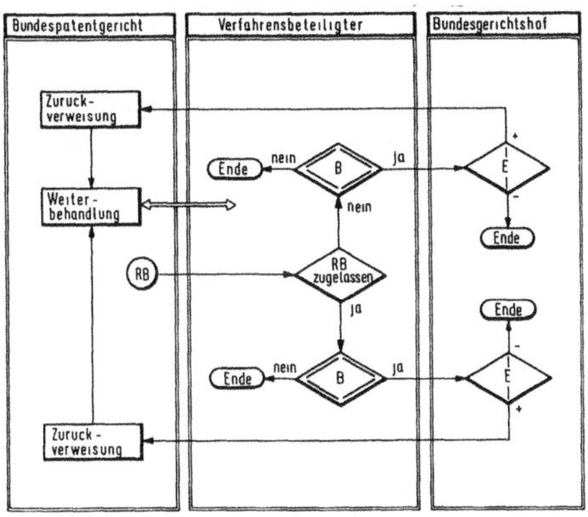

Bild 2. Ablauf des Rechtsbeschwerdeverfahrens

ches Rechtsmittel, mit dem die vorliegende Entscheidung auf rechtliche und nicht auf tatsächliche Mängel überprüft wird. Die Rechtsbeschwerdeinstanz ist demnach keine Tatsacheninstanz.

Ferner besteht für jede Partei *Anwaltszwang* zur Vertretung vor dem Bundesgerichtshof. Der vertretungsbefugte Anwalt muß auch die Rechtsbeschwerde beim BGH einlegen. Der Bundesgerichtshof kann über die Rechtsbeschwerde auch ohne mündliche Verhandlung entscheiden.

Wird die Rechtsbeschwerde verworfen, so sind alle Rechtsmittel ausgeschöpft und die Entscheidung ist endgültig. Wird durch die Rechtsbeschwerde der Beschluß des Bundespatentgerichts aufgehoben, wird die Sache zur Weiterbehandlung an das Bundespatentgericht zurückverwiesen. Das Bundespatentgericht hat dann in seiner weiteren Entscheidung die rechtliche Beurteilung der Rechtsbeschwerdeinstanz zu berücksichtigen.

2.7.2.5 Neufassung 1981

Am 1. Januar 1981 ist eine weitere Neufassung des Deutschen Patentgesetzes zur Harmonisierung mit dem Europäischen Patentübereinkommen in Kraft getreten. Nach dieser Neufassung gliedert sich zwar der Ablauf des Erteilungsverfahrens in die drei Verfahrensabschnitte
- Formalprüfung (I)
- Materielle oder sachliche Prüfung (II)
- Einspruchsverfahren (III),

aber anstelle der Erteilung trat früher die Bekanntmachung.

Die materielle oder sachliche Prüfung (II) schließt nun mit der Patenterteilung oder Patentversagung ab. Hierzu wird die Patentschrift gedruckt und ein Hinweis über die Erteilung oder Versagung im Patentblatt veröffentlicht.

Innerhalb von 3 Monaten nach der Patenterteilung kann dann zur Einleitung des Einspruchsverfahrens (III) jeder beliebige Dritte Einspruch erheben. Das Einspruchsverfahren endet dann mit der unbeschränkten oder beschränkten Aufrechterhaltung oder dem Widerruf des Patents. Nur im Falle einer beschränkten Aufrechterhaltung werden die Änderungen des zuvor erteilten Patents nochmals veröffentlicht ... Der wesentliche Unterschied nach der Neufassung des Patentgesetzes besteht darin, daß das Einspruchsverfahren (III) der Patenterteilung nachgeschaltet ist.

Quasi als Ersatz für die bei der vorhergehenden Gesetzesänderung weggefallene Neuheitsschonfrist kann für alle in der Bundesrepublik Deutschland angemeldeten Patente ab dem 1. Januar 1981 innerhalb von 12 Monaten eine Nachmeldung getätigt werden, bei der für die Neuheit und die erfinderische Tätigkeit die Priorität der Erstanmeldung beansprucht wird. Bei der Beanspruchung dieser sogenannten „inneren Priorität" gilt dann die frühere Anmeldung als zurückgenommen.

2.8 Erlöschen

Das Patent ist ein zeitlich begrenztes Recht. Die Schutzfrist des Patents beginnt mit dem auf die Anmeldung folgenden Tag. Hiernach bestimmt sich die größte Laufdauer. Sie beträgt beim Patent in Abhängigkeit von den anzuwendenden Gesetzesbestimmungen 18 Jahre (bei Anmeldungen, die vor dem 1. 1. 1978 eingereicht wurden) bzw. 20 Jahre (bei Anmeldungen nach dem 1. Januar 1978).

Der Beginn der Schutzfrist ist auch maßgebend für die Jahresgebühren, deren Höhe vorgeschrieben ist. Sie sind mit Beginn des dritten und jedes folgenden Jahres fällig und können innerhalb von zwei Monaten nach Fälligkeit zuschlagsfrei entrichtet werden. Bei späterer Zahlung ist der tarifmäßige Zuschlag fällig.

Nachstehend sollen die häufigsten und wichtigsten Gründe für das Erlöschen eines Patents behandelt werden.

Nichtzahlung der Jahresgebühren

Wird die Jahresgebühr nicht rechtzeitig einbezahlt, auch nicht verspätet mit Zuschlag, ergeht eine Benachrichtigung an den Anmelder oder gesetzlichen Vertreter. Sie werden unter Fristsetzung aufgefordert, die Jahresgebühr zu entrichten. Wird die Jahresgebühr auch jetzt nicht bezahlt, gilt die Anmeldung oder das Patent als zurückgenommen. Damit erlischt das Patent auch vor Ende der gesamten Laufdauer.

Die Schutzwirkung des Patents hingegen beginnt vorläufig mit der Bekanntmachung und wird mit der Rechtswirksamkeit der Erteilung endgültig. Von diesem Zeitpunkt an berechnet sich die Schutzdauer, die immer kürzer als die Schutzfrist ist.

Erlischt das Patent wegen Nichtzahlung der Jahresgebühren, kann die Erfindung vom Zeitpunkt des Erlöschens an in Zukunft von jedermann benutzt werden: sie ist Allgemeingut, da auch die Schutzdauer beendet ist.

Verzicht

Der Patentinhaber kann durch schriftliche Erklärung gegenüber dem Patentamt auf sein Schutzrecht verzichten. Wenn rechtsverbindliche Verpflichtungen, z. B. durch Verfügung (Lizenz) oder Pfändung, mit dem Schutzrecht verbunden sind, muß auch die verpflichtete Partei dem Verzicht zustimmen, bevor er rechtswirksam wird.

Auch hier erlischt das Patent und gegebenenfalls seine Schutzwirkung bei Eingang der vollständigen Verzichtserklärung beim Deutschen Patentamt für die Zukunft.

Nichtigkeit

Nach dem Erteilen kann das Patent nur noch mit Hilfe einer Nichtigkeitsklage angegriffen werden. Die Nichtigkeitsgründe sind identisch mit den Einspruchsgründen. Nach ordnungsgemäßer Nichtigkeitsklage-Erhebung beim Bundespatentgericht entscheidet es in erster Instanz über das Schicksal des Patents (Nichtigkeit, Beschränkung oder Aufrechterhaltung). Durch Berufung an den Bundesgerichtshof (BGH) wird die erstinstanzliche Entscheidung des Bundespatentgerichts überprüft und als Ergebnis wird das Patent vernichtet, beschränkt oder aufrecht erhalten. Der Ablauf des Nichtigkeitsverfahrens ist schematisch im *Bild 3* dargestellt.

Mit der Nichtigkeitserklärung oder der Beschränkung wird die Schutzwirkung des Patents *rückwirkend* vollständig oder teilweise beseitigt, da die materiellen Schutzvoraussetzungen von Anfang an nicht erfüllt waren. Das Schutzrecht war somit nur ein Scheinrecht und bildete keine rechtsbeständige Grundlage für ein Monopol.

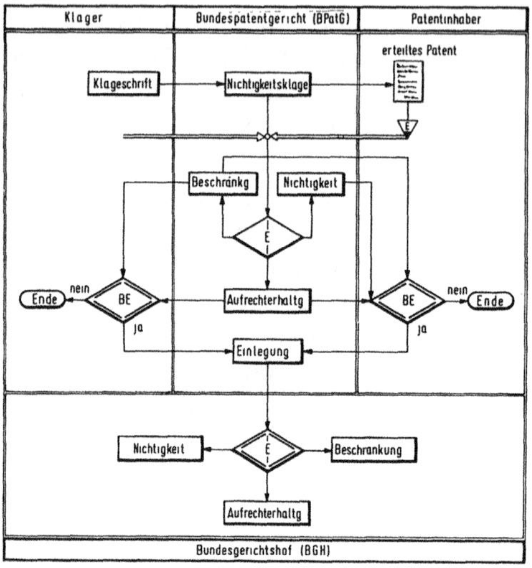

Bild 3. Ablauf des Nichtigkeitsverfahrens

Hierdurch wird die umfassende, absolute Rechtsstellung mit dem Ziel durchbrochen, zeitlich unbegrenzt eine Durchsetzungsmöglichkeit gegen objektiv zu Unrecht erteilte Vorzugsstellungen zu schaffen.

2.9 Beispiel: Auslegeschrift einer Patentschrift

Im Anhang, Abschnitt 12.1, wird als Beispiel eine Auslegeschrift (AS) erläutert, die nach Prüfung der formellen und materiellen Schutzvoraussetzungen vom Deutschen Patentamt herausgegeben worden ist.

3 Gebrauchsmuster

Das Gebrauchsmustergesetz (GebMG) enthält keine gesonderten Bestimmungen hinsichtlich der grundsätzlich von technischen Schutzrechten ausgenommenen Leistungen, sondern die Bestimmungen des Patentgesetzes sind entsprechend anzuwenden. Daher kann ein *nichtpatentfähiger* Gegenstand auch nicht nach dem Gebrauchsmustergesetz unter Schutz gestellt werden. Die nicht patentfähigen Erfindungen wie Entdeckungen, wissenschaftliche Theorien, ästhetische Formschöpfungen, Pläne, Regeln, Programme für Datenverarbeitungsanlagen, Wiedergabe von Informationen und therapeutische Behandlungsverfahren sind demnach auch nicht gebrauchsmusterschutzfähig[1].

Als Unterschied zum Patent ist ein *Gebrauchsmuster* nur für einen Ausschnitt der zu dem Gebiet der Technik im patentrechtlichen Sinne gehörenden Erfindungen zu erlangen. Nach dem Gesetzeswortlaut sind Gebrauchsgegenstände, Arbeitsgerätschaften oder Teile davon gebrauchsmusterschutzfähig. Verallgemeinert sind Gestaltungen, Anordnungen und Vorrichtungen dem Schutz nach dem Gebrauchsmustergesetz zugänglich. Unter *Gestaltung* ist die Formgebung eines Einzelgegenstandes, unter *Anordnung* die räumliche Zuordnung mehrerer Teile eines einheitlichen Gegenstandes zueinander und unter *Vorrichtung* ein Gegenstand als solcher zu verstehen. Gestaltungen, Anordnungen und Vorrichtungen werden unter dem übergeordneten Begriff „Raumform" zusammengefaßt. Diese Raumform bringt zum Ausdruck, daß die geschaffene Leistung nach dem Gebrauchsmustergesetz schutzfähig ist, wenn sie durch eine körperliche Formgebung wahrnehmbar ist.

Diese Beschränkung auf bestimmte Schutzgegenstände, die Raumform haben, hat ihre Ursache in der Entwicklungsgeschichte des Gebrauchsmusters. Zu Beginn war das Gebrauchsmuster dazu bestimmt, einen Schutz ohne größeren formellen Aufwand kurzzeitig zu geben. Hierzu reichte für eine ordnungsgemäße Hinterlegung ein Modell aus, was auch heute noch möglich ist.

---

1 Vgl. Abschnitt 2.2

3.1 Absolute Gebrauchsmusterschutzfähigkeit

Die geschaffene Leistung als Lehre zum technischen Handeln muß sich in einer bestimmten Raumform verkörpern lassen. Durch diese gesetzliche Zweckbestimmung des Gebrauchsmusters werden die unter Schutz zu stellenden Lehren näher charakterisiert und spezifiziert. Mehrere Gruppen von Schutzgegenständen werden hierdurch ausgesondert, deren wirtschaftliche Bedeutung nicht unerheblich ist und die als nicht gebrauchsmusterschutzfähige Gegenstände bezeichnet werden.

3.1.1 Verfahren

Die Kategorie der Verfahrenserfindungen, d. h. sowohl Arbeits- als auch Herstellungsverfahren, kann schutzrechtlich mit einem Gebrauchsmuster nicht abgedeckt werden, da sie sich mit Maßnahmen zum Einwirken auf ein Ausgangsmaterial bzw. auf ein Substrat befassen. Für derartige Gegenstände kommt nur ein Patentschutz in Betracht.

Zwar ist ein Verfahren als ein zeitlich ablaufender Vorgang oder eine zeitliche Aufeinanderfolge von Vorgängen dem Gebrauchsmusterschutz nicht unmittelbar zugänglich, jedoch kann die Verfahrensweise mittelbar durch das Arbeitsmittel oder das Verfahrenserzeugnis unter Schutz gestellt werden, wenn Arbeitsmittel oder Verfahrenserzeugnis als solche die allgemeinen Schutzvoraussetzungen einer schöpferischen Leistung erfüllen.

3.1.2 Schaltungen

Elektrische Schaltungen und hierzu technisch gleichwertige hydraulische, pneumatische oder elektrohydraulische Schaltungen sind auch dann nicht gebrauchsmusterschutzfähig, wenn die erfindungswesentliche Idee in dem funktionsnotwendigen Zusammenwirken der Bauteile und Baugruppen der Schaltung liegt. Äußert sich jedoch die erfindungswesentliche Idee in der räumlichen Zuordnung von Bauelementen und Baugruppen, auch wenn dadurch eine gegenseitige Beeinflussung oder beispielsweise elektromagnetische Wechselwirkung erzielt werden soll, so kann eine derartige Schaltung beim Erfüllen der allgemeinen Schutzvoraussetzungen als Gebrauchsmuster eingetragen werden.

3.1.3 Stoffauswahl und Stoffvertauschung

Die Änderung der stofflichen Zusammensetzung eines Gegenstandes ist eine Anordnung im Sinne der Vorschriften des Gebrauchsmustergesetzes. Wenn eine derartige stoffliche Zusammensetzung neu, technisch fortschrittlich und erfinderisch ist, ist sie dem Gebrauchsmusterschutz selbst dann zugänglich, wenn die äußere Gestalt des Gegenstands im Vergleich zum Stand der Technik unverändert ist. Die eigenartige stoffliche Zusammensetzung muß jedoch sinnlich wahrnehmbar sein, was auch mittelbar durch die Wahrnehmung seiner Wirkung oder die Einwirkungen anderer Mittel, z. B. durch Ultraschall, geschehen kann.

3.1.4 Anlagen

Sie bestehen aus vielen selbständigen Geräten, Vorrichtungen oder dergleichen, die nur durch einen abgestimmten Betätigungsablauf in bestimmter Reihenfolge ihrer Bestimmung entsprechend verwendet werden.

Durch diese Verknüpfungen mit Hilfe eines besonderen Arbeitsablaufs verlieren die einzelnen Bestandteile der Anlage ihre Selbständigkeit nicht, so daß nur die Einzelbestandteile oder Einzelgeräte und nicht ihre Zusammenstellung nach dem Gebrauchsmustergesetz geschützt werden können.

3.2 Einheit des Gebrauchsgegenstands

Zusätzlich zu den allgemeinen Voraussetzungen der Schutzfähigkeit, die im Zusammenhang mit dem Patentschutz erläutert worden sind, stellt das Gebrauchsmustergesetz noch eine weitere allgemeine Voraussetzung auf, die ein Eintragungserfordernis ist: die Einheit des Gebrauchsgegenstands. Sie wird auch als gegenständliche Einheit bezeichnet. Gegenstand eines Gebrauchsmusters kann demnach nur ein einziger Gebrauchsgegenstand oder eine einzige Arbeitsgerätschaft sein, die ein einzelnes, in sich einheitliches, räumlich zusammenhängendes, bewegliches und transportables Gebilde ist.

Bei einem einstückigen Gegenstand, z. B. bei einer Lochplatte, ist dieses Erfordernis der gegenständlichen Einheitlichkeit zweifelsfrei erfüllt. Handelt es sich um einen mehrteiligen Gegenstand, z. B. um einen Kugelschreiber mit einer austauschbaren Schreibmine, so müssen zur Erfüllung der notwendigen gegenständlichen Einheit noch weitere Voraussetzungen erreicht werden.

3.2.1 Räumlich-körperlicher Zusammenhang

Bei mehrteiligen Gegenständen ist die Einheit gegeben, wenn die einzelnen Teile einen räumlich-körperlichen festen Verbund bilden, und zwar insbesondere bei der bestimmungsgemäßen Verwendung des Gebrauchsgegenstandes. Da beispielsweise ein Kugelschreiber seine bestimmungsgemäße Verwendung oder seinen Gebrauchszweck zum Niederlegen von Aufzeichnungen nur mit einer eingesetzten Schreibmine erfüllen kann, bilden die einzelnen Teile eine körperliche feste Verbindung.

3.2.2 Technisch-funktioneller Zusammenhang

Sind die einzelnen Teile eines mehrteiligen Gegenstandes nicht fest miteinander verbunden, so kann die gegenständliche Einheit auch durch das technisch-funktionelle Zusammenwirken der einzelnen Teile hergestellt werden. Bei dem technischen Zusammenwirken beim bestimmungsgemäßen Gebrauch arbeiten die einzelnen Teile derart zusammen, daß sie ihre Selbständigkeit oder Eigenständigkeit verlieren. Anlagen, die aus vielen Maschinen, Geräten und Vorrichtungen zusammengestellt sind, führen zu keinem technisch-funktionellen Zusammenhang und sind nicht gebrauchsmusterschutzfähig, da sich jedes einzelne Gerät aus dieser Anordnung lösen läßt, ohne daß das einzelne Gerät in seiner Arbeitsweise gestört wird oder daß die anderen Geräte der Gesamtanlage ihre Aufgabe nicht mehr erfüllen können. So kann bei einer Mischanlage, die aus einer Mischmaschine und einem zugeordneten Speicher- und Füllbehälter besteht, die Mischmaschine eingefülltes Gut mischen, auch wenn der Füllbehälter nicht vorhanden ist. Darüber hinaus kann der Speicher- und Füllbehälter auch nur zur Lagerhaltung von Vorräten oder zum Beschicken anderer Einrichtungen, z. B. von Förderanlagen, verwendet werden.

3.3 Materielle Schutzfähigkeit

Wie beim Patent muß die geschaffene Leistung neu (relative Neuheit), technisch fortschrittlich und erfinderisch sein. Die zu ihrer

Beurteilung maßgebenden Grundsätze stimmen weitgehend mit denen des Patents überein[1].

Nur an die erfinderische Tätigkeit oder die Erfindungshöhe werden keine so hohen Anforderungen wie beim Patent gestellt. Der Grund hierfür liegt hauptsächlich in der wesentlich kürzeren Laufzeit des Gebrauchsmusters. Somit sind auch kurzlebigere Wirtschaftsgüter als Gebrauchsmuster vor Nachahmungen anderer schützbar, deren Ausgestaltungsformen in enger Beziehung zu den Gebrauchsgewohnheiten stehen und davon in ihrer Entwicklung stark abhängen.

3.4 Schutzrechtserteilung

In der Entstehungsgeschichte des Gebrauchsmusters liegen auch die Wurzeln für das Erteilungsverfahren, das auch als Eintragungsverfahren bezeichnet wird. Um die Eintragung möglichst zügig nach der Anmeldung verfügen zu können, werden bei der Schutzrechtserteilung die Schutzvoraussetzungen (formale und materielle) nur teilweise geprüft.

In Abweichung von einem reinen Registerrecht, z. B. dem Geschmacksmuster, wird das Gebrauchsmuster jedoch teilweise geprüft und ist somit ein teilgeprüftes Schutzrecht. Die Überprüfung erstreckt sich hauptsächlich auf formale Erfordernisse. Der Anmelder erwirbt jedoch nur das Recht, Eingriffe in seine Monopolstellung abzuwehren, wenn auch die materiellen Voraussetzungen erfüllt sind. Ihre Überprüfung vor der Eintragung und Geltendmachung obliegt dem Anmelder.

3.4.1 Formale Erfordernisse

Für das Einreichen und Abfassen der Gebrauchsmusterunterlagen sind im wesentlichen die gleichen Gesichtspunkte wie beim Patent zu berücksichtigen. Auch gibt es hierfür ein Merkblatt für Gebrauchsmusteranmelder, das weitere Einzelheiten und Hinweise enthält.

3.4.2 Erteilungs- und Eintragungsverfahren

Im *Bild 4* ist das *Erteilungsverfahren* eines Gebrauchsmusters schematisch dargestellt. Es umfaßt nur einen Verfahrensabschnitt, das Eintragungsverfahren, an dem ausschließlich der Anmelder als Partei beteiligt ist.

Nun zum *Eintragungsverfahren* von Gebrauchsmustern. Nach Eingang der Gebrauchsmusterunterlagen beim Deutschen Patentamt und der Festlegung des Anmeldezeitpunkts erfolgt eine Formalprüfung. Neben den formellen Erfordernissen wie Anmeldeantrag, Beschreibung, Schutzansprüche und Zeichnung kann auch die absolute Gebrauchsmuster-Schutzfähigkeit des Anmeldungsgegenstands bezweifelt werden. Unter der absoluten Gebrauchsmuster-Schutzfähigkeit ist die Voraussetzung zu prüfen, ob sich der Anmeldungsgegenstand in der beanspruchten Art in einer Raumform in ganz allgemeinem Sinne ausdrückt.

Wie bei der Vorprüfung des Patents wird auch bei der Formalprüfung beim Gebrauchsmuster ein vorhandener Mangel gerügt und der Anmelder aufgefordert, diesen zu beseitigen. Beseitigt er den Mangel nicht, wird die Anmeldung zurückgewiesen. Daraufhin kann der Anmelder mit dem Rechtsmittel der Beschwerde sein Begehren bis zur endgültigen Entscheidung durch das Patentgericht weiterverfolgen.

Erfüllt eine Gebrauchsmusteranmeldung die formellen Erfordernisse und die absolute Gebrauchsmuster-Schutzfähigkeit, so wird sie nach Abschluß der Formalprüfung in die Rolle für Gebrauchsmuster eingetragen.

Die Rolle, auch Gebrauchsmusterrolle genannt, ist ein als Rollenkartei geführtes, öffentlich zugängliches Register. In dieses wird zur Eintragung des Gebrauchsmusters eine Karteikarte eingestellt, auf der wesentliche Angaben eingetragen sind, insbesondere: Name und Wohnsitz des Gebrauchsmusterinhabers, Anmeldetag, Klassifikation, Bezeichnung, Priorität, Eintragungsdatum, Verlängerungsvermerk (bei Verlängerung der Schutzfrist) und Löschungs- sowie Erlöschungsvermerk mit Angabe des Löschungsgrundes. Mit diesem Vorgang entsteht das Gebrauchsmusterrecht.

Mit der Eintragung ist ein Hinweis im deutschen Patentblatt über die Eintragung in die Rolle verbunden, mit der das Gebrauchsmuster der Öffentlichkeit zugänglich gemacht wird.

Da die Gebrauchsmusteranmeldung beim Eintragungsverfahren weder auf Neuheit noch auf Erfindungshöhe oder Erfindungsqualität geprüft wird, kann eine Eintragung eines Gebrauchsmusters erfahrungsgemäß wesentlich schneller als die Erteilung eines Patents vorgenommen werden.

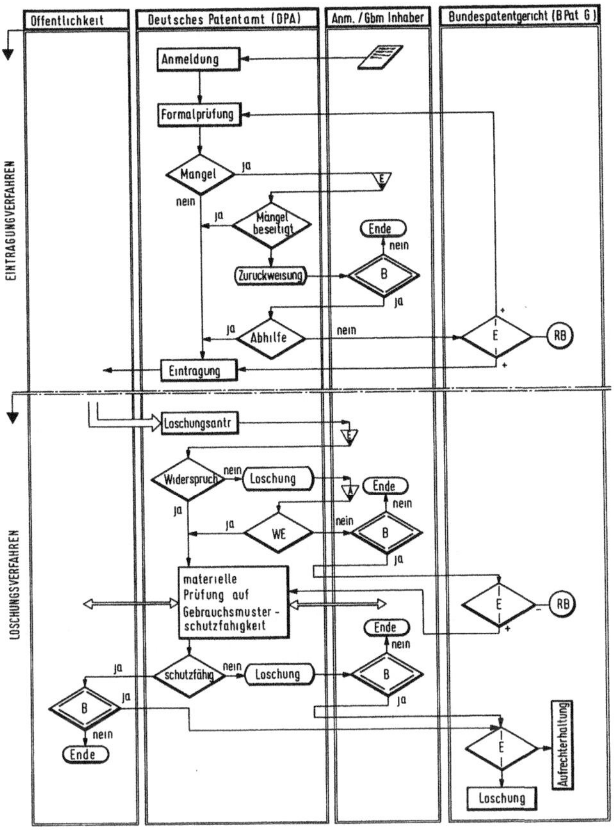

Bild 4

Bild 5

Bild 4. Eintragungsverfahren für das Gebrauchsmuster. B Beschwerde als Rechtsmittel gegen Beschluß des Deutschen Patentamts, E Erwiderung/Entscheidung, RB Rechtsbeschwerdeverfahren

Bild 5: Löschungsverfahren für das Gebrauchsmuster. B Beschwerde als Rechtsmittel gegen Beschluß des Deutschen Patentamts, E Erwiderung/Entscheidung, RB Rechtsbeschwerdeverfahren, A Antrag, WE Wiedereinsetzung

Mit der Eintragung erhält der Anmelder oder Erfinder für die Preisgabe seiner Leistung durch hoheitlichen Akt ein Gebrauchsmuster zuerkannt. Die Schutzwirkung des eingetragenen Gebrauchsmusters besteht jedoch *nur* unter der auflösenden Bedingung, daß auch die materiellen Voraussetzungen wie Neuheit und Erfindungshöhe vorhanden sind.

Beim Vergleichen des Eintragungsverfahrens für ein Gebrauchsmuster mit dem Erteilungsverfahren eines Patents ergibt sich, daß die Eintragung des Gebrauchsmusters im Gegensatz zu der Erteilung eines Patents in der Regel schneller geschieht, daß aber gleichzeitig die Geltendmachung eines eingetragenen Gebrauchsmusters mit einem größeren Risiko als die Geltendmachung eines erteilten Patents behaftet ist. Wenn somit für eine geschaffene Erfindung sowohl Gebrauchsmusterschutz als auch Patentschutz möglich ist, sollte sich der Anmelder vor Hinterlegung entscheiden, welchen Zweck er mit der Schutzrechtserteilung verfolgen will. Da die Durchsetzung eines Gebrauchsmusters im Verletzungsstreit und auch gegenüber einem Verletzer ein besonders starkes Kostenrisiko mit sich bringt, können allein die unterschiedlichen Kosten für das Erteilungsverfahren für Patente und Gebrauchsmuster nicht die ausschlaggebende Rolle spielen, sondern vielmehr die *Abschreckungswirkung* des Schutzrechts für die Konkurrenten. Erfahrungsgemäß versucht ein Konkurrent meist schon gar nicht den Nachbau einer durch Patent geschützten Erfindung, während er bei einer durch Gebrauchsmuster geschützten Erfindung eher nachzuahmen versucht.

3.5 Verhältnis von Gebrauchsmuster und Patent

Ein patent- und gebrauchsmusterfähiger Gegenstand kann auch *gesondert* als Patent und Gebrauchsmuster angemeldet werden. Der Anmelder erhält nach der Eintragung und der Erteilung zwei unabhängige Schutzrechte. Dies ist als sogenannter Doppelschutz zulässig.

Die beiden *gleichlautenden* Anmeldungen müssen *möglichst gleichzeitig* beim Deutschen Patentamt eingehen, damit sie den gleichen Anmeldetag haben, der für die Neuheit maßgebend ist. Haben die Anmeldungen einen verschiedenen Zeitrang, besteht die Gefahr, daß die ältere eigene Anmeldung als Stand der Technik der jüngeren Anmeldung entgegensteht und somit neuheitsschädlich vorweggenommen wird.

Eine gleichzeitige Anmeldung als Gebrauchsmuster und Patent ist insbesondere dann zweckmäßig, wenn der Anmelder möglichst schnell ein Schutzrecht erteilt haben will, um durch seine erlangte Vorzugsstellung Eingriffe seiner Konkurrenten, z. B. durch Nachahmung, abwehren zu können.

Bei der Hinterlegung einer Anmeldung ist auch eine *Verknüpfung* von Patent und Gebrauchsmuster möglich. Die Eintragung des Gebrauchsmusters wird hierbei hilfsweise für den Fall beantragt, daß die Patentanmeldung rechtswirksam abschließend beschieden ist, d. h. entweder zur Erteilung geführt hat, zurückgewiesen oder versagt oder zurückgenommen worden ist.

Bei einer derartigen Gebrauchsmusterhilfsanmeldung ruht die Gebrauchsmusteranmeldung, bis die Patentanmeldung rechtskräftig erledigt ist. Jedoch bedarf es nur eines Antrags von Seiten des Anmelders, dieses Hilfsverhältnis des Gebrauchsmusters zu lösen, so daß eine getrennte Gebrauchsmusteranmeldung und eine getrennte Patentanmeldung vorliegen, die vollständig unabhängig voneinander behandelt werden.

3.6 Erlöschen

Auch das Gebrauchsmuster ist ein zeitlich begrenztes Schutzrecht. Die Schutzfrist beträgt höchstens sechs Jahre und beginnt mit dem auf die Anmeldung folgenden Tag. Mit Einreichung der Anmeldung wird gleichzeitig der Schutz für die ersten drei Jahre als erster Teil der Schutzfrist beantragt. Durch Zahlung einer Verlängerungsgebühr kann ein nochmaliger Schutz für weitere drei Jahre erlangt werden, wenn das Gebrauchsmuster inzwischen eingetragen ist.

Diese Aufteilung der gesamten Schutzfrist in zwei Abschnitte und eine nochmalige Gebührenzahlung hat weniger den Zweck, dem Staat Einnahmen zu verschaffen, sondern soll den Schutzrechtsinhaber auffordern, das Schutzrecht hinsichtlich seiner Bedeutung und Rentabilität zu überprüfen. Die Interessenlage des Schutzrechtsinhabers kann sich innerhalb des Zeitraums von drei Jahren beträchtlich ändern, wenn sich zum Beispiel der betriebliche Entwicklungsschwerpunkt verlagert hat. Nicht rentable Schutzrechte können so ohne großen formellen Aufwand fallen gelassen werden.

3.6.1 Nichtzahlung der Verlängerungsgebühr

Die Verlängerungsgebühr für den zweiten Abschnitt der Schutzfrist ist mit Ablauf der ersten Schutzfrist fällig, d. h. mit Beginn des auf den Ablauf der ersten Schutzfrist folgenden Tages. Sie kann innerhalb von zwei Monaten nach Fälligkeit zuschlagsfrei entrichtet werden. Erst dann ergeht eine Löschungsbenachrichtigung an den Gebrauchsmusterinhaber oder dessen Vertreter mit dem Inhalt, daß unter Fristsetzung die Verlängerungsgebühr mit Zuschlag zu bezahlen ist, oder eine Verlängerung nicht mehr erwirkt werden kann.

Wird die Verlängerungsgebühr nicht fristgerecht und vollständig gezahlt, erlischt das Gebrauchsmuster mit Ablauf der ersten drei Jahre der Schutzfrist für die Zukunft. Der Gegenstand des Gebrauchsmusters ist nun schutzfrei und kann von jedermann gewerblich genutzt werden.

3.6.2 Verzicht

Der Gebrauchsmusterinhaber kann durch schriftliche Erklärung gegenüber dem Patentamt auf sein Schutzrecht verzichten. Wenn rechtsverbindliche Verpflichtungen mit dem Schutzrecht verbunden sind, z. B. durch Verfügung (Lizenz) oder Pfändung, muß auch die verpflichtete Partei dem Verzicht zustimmen, ehe er rechtswirksam wird.

Auch hier erlischt das Gebrauchsmuster und gegebenenfalls seine Schutzwirkung bei Eingang der vollständigen Verzichtserklärung beim Deutschen Patentamt für die Zukunft.

3.6.3 Gebrauchsmusterlöschung

Nach der Eintragung eines Gebrauchsmusters kann jeder Dritte im Rahmen eines Löschungsverfahrens die Beseitigung des eingetragenen Gebrauchsmusters erreichen. In seiner Grundtendenz entspricht das Löschungsverfahren dem Nichtigkeitsverfahren beim Patent und führt zu einer rückwirkenden Beseitigung der durch die Eintragung entstandenen Schutzwirkung des Gebrauchsmusters.

Der Ablauf für die Gebrauchsmusterlöschung ist schematisch im *Bild 5* angegeben. Der Antrag auf Löschung ist beim Deutschen Patentamt zu stellen. Er kann mit der fehlenden Gebrauchsmuster- und Schutzfähigkeit begründet werden. Als Gründe kommen in Betracht bei:

fehlender Gebrauchsmusterschutzfähigkeit

- kein Arbeitsgerät, kein Gebrauchsgegenstand oder keine Teile davon,
- keine Förderung des Arbeits- oder Gebrauchswertes,
- keine Raumform [1],
- keine Lehre zum technischen Handeln,
- nicht gebrauchsmusterfähige bzw. patentfähige Erfindung,

fehlender Schutzfähigkeit allgemein

- mangelnde Neuheit,
- kein technischer Fortschritt,
- mangelnde Erfindungshöhe.

---

1 s. Abschnitt 3

Wenn ein Löschungsantrag beim Deutschen Patentamt eingegangen ist, erhält der Gebrauchsmusterinhaber Nachricht von der Löschungsantrags-Stellung. Widerspricht er nicht innerhalb eines Monats nach Eingang dieser Nachricht schriftlich, so wird das Gebrauchsmuster von Amts wegen gelöscht. Widerspricht der Gebrauchsmusterinhaber, so schließt sich daran eine vollständige materielle Prüfung auf Neuheit, Fortschritt und Erfindungshöhe des Gebrauchsgegenstands an.

Durch Recherchen kann hierzu entgegenstehendes Material ermittelt werden, das mit dem Löschungsantragsteller und dem Gebrauchsmusterinhaber während des Löschungsverfahrens erörtert wird.

Nach erschöpfender Erörterung dieser Tatsachen ergeht in erster Instanz ein Beschluß von der Gebrauchsmusterabteilung über das Schicksal des Gebrauchsmusters. Beiden Verfahrensbeteiligten, dem Gebrauchsmusterinhaber und dem Löschungsantragsteller, steht dann das Rechtsmittel der Beschwerde zur Verfügung, über die ein Beschwerdesenat des Bundespatentgerichts entscheidet. Außer durch das Rechtsmittel der Rechtsbeschwerde ist die Entscheidung des Bundespatentgerichts unanfechtbar.

Mit der Einlegung des Widerspruchs gegen das Löschungsbegehren trägt der Gebrauchsmusterinhaber im Falle des Unterliegens die ganzen Kosten des Löschungsverfahrens. Diese Kosten können wesentlich höher liegen als die Kosten für das Erteilungsverfahren eines Patents. Die meist vertretene Auffassung, daß das Gebrauchsmuster ein kostengünstig zu erwerbendes Ausschließlichkeitsrecht ist, dürfte durch diese Ausführungen widerlegt sein, wenn man nicht nur die Einzelkosten gegenüberstellt, sondern die Kosten insgesamt betrachtet. Wenn ein Erfinder mit allen Mitteln seine geschaffene Leistung gegenüber Nachahmern durchsetzen will, erlangt er mit einem Patent eine wesentlich *unangefochtenere* Vorzugsstellung als mit einem Gebrauchsmuster.

Wird nach Abschluß des Löschungsverfahrens das Gebrauchsmuster gelöscht, entfällt die Schutzwirkung *rückwirkend* von Anfang an.

3.7 Beispiel: Gebrauchsmusteranmeldung

Im Anhang, Abschnitt 12.2, ist eine Gebrauchsmusteranmeldung erläutert. Als Erzeugnis wurde eine Badewanne gewählt, die nach dem Verfahren hergestellt wird, das in der Auslegeschrift DE-AS 23 63 234 beschrieben ist.

4 Warenbezeichnung

Nach dem Warenzeichengesetz (WZG) können Warenbezeichnungen geschützt werden, die symbolhaften Charakter haben und nicht Leistungen auf dem Gebiet der Technik sondern auf dem Vertriebssektor darstellen. Durch den Schutz von Warenbezeichnungen sollen Werbeleistungen im Vertriebsbereich durch Verleihung eines Monopolrechts anerkannt werden. Zur Kennzeichnung seiner Ware versieht der Hersteller und/oder der Händler üblicherweise die Waren mit Warenbezeichnungen, bevor er sie anbietet oder verkauft.

Bei den Käufern weckt die an den Waren angebrachte Warenbezeichnung bestimmte Vorstellungen, die sich vornehmlich in drei Richtungen auswirken:

- *Herkunftswirkung:* Hierunter ist die Funktion einer Warenbezeichnung zu verstehen, mit Werbeaufwand als Hinweis auf einen *bestimmten* Betrieb oder auf eine Gruppe von selbständigen Unternehmen zu wirken, von denen die mit der Warenbezeichnung versehenen Waren bezogen werden können. Die einschlägigen Verkehrskreise werden durch diese Wirkung in die Lage versetzt, daß sie schon allein beim Anblick einer mit der Warenbezeichnung versehenen Ware bei Kenntnis der Warenbezeichnung die Schlußfolgerung ziehen, daß die Ware von einem bestimmten Fabrikanten oder Händler stammt.
- *Garantiewirkung:* Der Warenbezeichnung kommt auch eine Garantiefunktion zu, da der Abnehmer der Ware annimmt, daß die mit der Bezeichnung versehene Ware vollständig qualitativ gleichwertig ist, so daß er die Garantie hat, daß er beispielsweise beim Kauf eine Ware erwirbt, die nach den ihm bekannten Qualitätsanforderungen hergestellt ist. Diese Garantiefunktion der Warenbezeichnung dient jedoch nur als Hinweis und nicht als mögliche Grundlage von Regreßansprüchen, da der Lieferant der Ware nicht für ihre gleichbleibende Güte allein durch die Warenbezeichnung einzustehen hat.
- *Werbewirkung:* Die Warenbezeichnung hat auch eine nicht zu unterschätzende Werbewirkung. So wird der Erwerber einer mit der Warenbezeichnung versehenen Ware, wenn sie seinen Vor-

stellungen entsprochen hat, diese Ware immer wieder kaufen und sie auch anderen empfehlen. Die Warenbezeichnung kann hierdurch den Ruf einer Ware und auch des Unternehmens fördern und eine Werbefunktion entwickeln, durch die ständig neue Kundschaft angezogen wird. Die hiermit verbundene Leistung verkörpert sich in einem Symbol, mit dem der Interessent besondere Vorstellungen verknüpft, die in unmittelbarem Zusammenhang mit der Warenbezeichnung oder dem Warenzeichen stehen.

4.1 Warenzeichen

Das Warenzeichen als solches stellt eine Kennzeichnung dar, die geeignet ist, die Waren eines Gewerbetreibenden von den Waren anderer zu unterscheiden. Das Warenzeichen hat demnach die Aufgabe, die Waren eines Zeicheninhabers nach ihrer Herkunft und nicht nach ihrer Art oder Gattung unterscheidbar zu machen.

Obgleich im Warenzeichengesetz der Begriff der Ware nicht genau bestimmt ist, sind nach den in der Rechtsprechung entwickelten Grundsätzen hierunter *bewegliche körperliche Sachen* zu verstehen, die aus einem auf Gewinn abzielenden Unternehmen im Bereich der Gütererzeugung oder des Handels in den wirtschaftlichen Verkehr gebracht werden.

Nicht unter die zuvor angegebene Definition des Warenbegriffs fallen demnach unbewegliche Sachen, z. B. Grundstücke. Gegenstände jedoch, die bestimmungsgemäß mit Grundstücken verbunden werden sollen, wie Baustoffe, Fenster, Türen und auch Fertighäuser, sind Waren, die von der unbeweglichen Sache lösbar sind. Ferner sind auch Rechte keine Waren, auch wenn sie in Form von Inhaberpapieren wie Schuldverschreibungen, Schecks, Versicherungspolicen oder Wertpapieren vorliegen. Schließlich werden auch Dienstleistungen nicht von der Begriffsdefinition für die Waren erfaßt.

4.2 Zeichenarten

Die Warenzeichen werden nach der Art ihrer äußeren Erscheinungsform gruppenmäßig zusammengefaßt:

- *Wortzeichen:* Ein Großteil der Zeichen sind Wortzeichen und bilden die gebräuchlichste und bedeutendste Zeichenart. Im Regelfall bestehen sie aus einem einzigen Wort wie Persil oder Aspirin. Auch können sie aus mehreren Wörtern, die einen Gesamtbegriff bilden, zusammengesetzt sein, z. B. Wiener Walzer. Auch satzartige Werbesprüche wie „Darauf einen Dujardin“ oder „Laß Dir raten, trinke Spaten“ sind Wortzeichen. Das Wortzeichen kann auch eine Abkürzung sein, z. B. DKW, BMW. Dem Wortzeichen können auch beschreibende Zusätze beigefügt werden. Eine zusammenhangslose Aneinanderreihung einzelner Wörter ist jedoch nicht eintragbar, da das Zeichen in sich keine Einheit bildet.

- *Bildzeichen:* Sie bestehen ausschließlich aus einer bildlichen Darstellung, z. B. einem Tier oder einem Haus. Auch kommen als Bildzeichen besonders geformte Schriftzüge in Betracht. Reine Bildzeichen sind heutzutage sehr selten. Zu den Bildzeichen gehören auch Monogramme.
- *Kombinierte Zeichen:* Sie bestehen meist aus mehreren Wort- und Bildbestandteilen. Sehr häufig findet man derartige Zeichen bei Lebens- und Genußmitteln, z. B. Teekanne für Teebeutel.
- *Sammelzeichen:* Die Sammelzeichen setzen sich aus mehreren Einzelteilen zusammen, die immer gemeinsam an der Ware angebracht werden. Meistens handelt es sich bei diesen Zeichen gleichzeitig um kombinierte Zeichen, wie das Hals- und Bauchetikett einer Bier- oder Weinflasche.

4.3 Allgemeine Eintragungsvoraussetzungen

Unter den allgemeinen Eintragungsvoraussetzungen sind Umstände ganz allgemeiner Art zu verstehen. Sie müssen schon zum Anmeldezeitpunkt vorliegen, wenn die spätere Eintragung des Warenzeichens in die Warenzeichenrolle rechtswirksam sein soll.

4.3.1 Geschäftsbetrieb

Nach dem Warenzeichengesetz kann Inhaber eines Warenzeichens jede rechtsgeschäftsfähige Person sein, wenn sie einen auf die Herstellung, Bearbeitung oder den Vertrieb von Waren gerichteten Geschäftsbetrieb hat, sei es in Handel, Industrie, Bergbau, Landwirtschaft oder dergleichen. Durch diese Forderung soll sichergestellt werden, daß die in den Handel kommenden und mit dem Warenzeichen versehenen Waren mit fremden Waren bzw. Waren anderer Herkunft in freien Wettbewerb kommen können. So ist ein

Verbraucher bei der Wahl der Ware durch seine Erinnerung an das Warenzeichen beeinflußbar.

4.3.2 Zeichenfähigkeit

Nach dem Warenzeichengesetz sind nur solche Zeichen eintragbar, die *flächenmäßig* darstellbar und geeignet sind, auf der Ware oder ihrer Verpackung selbständig in Erscheinung zu treten. Das Warenzeichen stellt demnach einen Zusatz zu der Ware als solcher dar. Das Warenzeichen ist daher ein selbständiges Gebilde, das nicht die Ware selbst sein darf, obgleich es in die Ware eingearbeitet oder auf ihr angebracht werden kann. Das Warenzeichen kann beispielsweise in die Ware eingeprägt, auf ihr aufgeklebt oder an sie angehängt werden, ja sogar selbst die Form der Ware oder einen Teil derselben bilden, wenn die Ware dadurch nicht an eine bestimmte Form gebunden ist. Das Warenzeichen ist daher begrifflich, jedoch nicht zwangsweise körperlich, selbständig darstellbar, so daß eine unmittelbare stoffliche Verbindung des Zeichens mit der Ware möglich ist, z. B. ein in Textilwaren eingewebter Farbstreifen oder ein in Papier eingepreßtes Wasserzeichen. Einem Zeichen fehlt hingegen die Selbständigkeit, wenn es bestimmte charakteristische Eigenschaften der Ware verkörpert oder eine Abbildung der Ware oder ihrer Verpackung ist. Durch das Erfordernis der flächenmäßigen Darstellung des Zeichens soll eine eindeutige Reproduzierbarkeit gewährleistet werden, die beispielsweise bei plastischen oder räumlichen Darstellungen nicht gegeben ist. So ist zum Beispiel die flächenhafte Wiedergabe einer Flasche in Form einer Fotografie als Warenzeichen eintragbar.

Im Gegensatz zu anderen Staaten sind in der Bundesrepublik Deutschland Hör-, Geruchs-, Geschmacks- oder Tastzeichen wegen der fehlenden Zeichenfähigkeit nicht eintragbar.

4.3.3 Unterscheidungskraft

Nach der Begriffsdefinition des Warenzeichens ist in ihm die Zweckbestimmung enthalten, zur Unterscheidung der Waren hinsichtlich ihrer Herkunft zu dienen. Diese Zweckbestimmung wird auch als *Unterscheidungskraft* bezeichnet und muß von einem Zeichen unabhängig von der Art seiner äußeren Erscheinungsform erfüllt werden, um eintragbar zu sein. Nicht unterscheidungskräftig ist beispielsweise die Abbildung einer Ware oder ihre Verpackung als solche. Da die Unterscheidungskraft einen sehr warenspezifischen Charakter hat, lassen sich keine für alle Warengebiete einheitlichen Bewertungsmaßstäbe angeben. Diese sind sehr stark von dem Eindruck abhängig, den das Zeichen bei dem Personenkreis hinterläßt, der mit ihm in Berührung kommt.

4.4 Absolute Eintragungshindernisse

Der Eintragung eines Warenzeichens können selbst dann noch weitere Hindernisse entgegenstehen, wenn es an sich die zuvor erörterten allgemeinen Eintragungsvoraussetzungen erfüllt. Im Interesse der Allgemeinheit müssen Grenzen gezogen werden, die eine willkürliche und freie Zeichenwahl beschränken. Hierzu sind in § 4 WZG Ausnahmen geregelt, die von der Eintragungsbehörde, dem Patentamt, beim Eintragungsverfahren von Amts wegen berücksichtigt werden. Sie werden als absolute Eintragungshindernisse bezeichnet. Unter dem Begriff der *absoluten Eintragungshindernisse* wird die Gesamtheit aller im Warenzeichengesetz geregelten Gründe für die Ablehnung einer Eintragung zusammengefaßt. Diese Bestimmungen verfolgen den Zweck, daß vom Geschäftsverkehr benötigte Angaben allgemein freigehalten und nicht monopolisiert werden.

Die nachfolgende Aufzählung der absoluten Eintragungshindernisse erhebt nicht den Anspruch auf Vollständigkeit und aus Gründen der Übersichtlichkeit wurden auch Verallgemeinerungen vorgenommen, die bezogen auf einen bestimmten Anwendungsfall unter Umständen einer abweichenden Bewertung bedürfen.

4.4.1 Freizeichen

Als Freizeichen sind Zeichen zu verstehen, die für den allgemeinen Gebrauch freigehalten werden sollen oder die ihre Eignung verloren haben, als Hinweis auf einen bestimmten Geschäftsbetrieb zu dienen.

Nach der Rechtsprechung sind Freizeichen an sich unterscheidungskräftige, also eintragbare Zeichen. Sie stehen für bestimmte Waren des inländischen Verkehrs, die sich im freien Gebrauch einer größeren Anzahl nicht miteinander in Verbindung stehender Gewerbetreibender befinden. Derartige Zeichen können nicht mehr als Kennzeichnung eines *bestimmten* Gewerbebetriebs wirken.

Die Freizeicheneigenschaft eines Zeichens wird vom Deutschen Patentamt als Eintragungsbehörde festgestellt. Hierzu fordert das Deutsche Patentamt Auskünfte und Ermittlungen von Fachverbänden, Industrie- und Handelskammern und ähnlichen Organisationen an.

Die Freizeicheneigenschaft eines Zeichens läßt sich nur für bestimmte Waren angeben, für die es der Verkehr kennt. Wenn demnach die Freizeicheneigenschaft eines Zeichens festgestellt worden ist, ist eine Eintragung nur für eine spezifische Ware und meist nicht einmal für eine Warengattung oder Warengruppe ausgeschlossen.

Als Beispiele für Freizeichen sind *Gerstenähre* für Kaffee-Ersatz, *Vaseline* für Mineralfette, der *Aeskulapstab* für medizinische und pharmazeutische Waren, *Lanolin* für Wollfette und *Portland-Zement* zu erwähnen. Hingegen sind Saccharin, Lysol, Höhensonne, Grammophon, Bakelit, Perlon und Nino-flex durch Eintragung geschützte Warenzeichen und keine Freizeichen, obgleich bei diesen Zeichen die Gefahr besteht, daß sie häufig im geschäftlichen Verkehr als Warennamen gebraucht werden. Ganz allgemein gesehen wird die Gefahr der Verwendung eines Zeichens als Warenname mit seinem Bekanntheitsgrad größer, obwohl gerade diese bekannten Zeichen oder notorischen Marken für den Inhaber wirtschaftlich am wertvollsten sind. Auch Styropor ist ein eingetragenes Warenzeichen und kein Warenname. Dem Zeicheninhaber derartiger Zeichen obliegt es, die Entwicklung zu einem Warennamen zu beeinflussen, wozu er beispielsweise die Verwendung seines Zeichens ohne einen Zusatz, z. B. durch ein hochgestelltes R, untersagen muß.

Auch nach der Feststellung einer Freizeicheneigenschaft eines Zeichens durch das Patentamt kann ein Zeichen wiederum eintragbar werden und sich zu einem Individualzeichen zurückentwikkeln, wenn die Allgemeinheit oder die beteiligten Verkehrskreise ihre Auffassung oder ihre Vorstellung geändert haben. Diese Rückentwicklung dient auch als Beispiel für einen ganz allgemeinen Grundsatz, von dem das Warenzeichen beherrscht wird. Nach diesem Grundsatz sollen die Bestimmungen so flexibel gehandhabt werden, daß jederzeit vergangene, gegenwärtige und zukünftige Entwicklungen ohne Gesetzesänderungen durch die Rechtsprechung berücksichtigt werden können. Aus diesem Grund sind Entscheidungen in Warenzeichensachen in der Regel auf Einzelfälle abgestimmt und lassen meist keine Verallgemeinerung zu.

Zur Information der Allgemeinheit und insbesondere auch der Anmelderschaft werden im Warenzeichenblatt in einer Freizeichenliste solche Zeichen veröffentlicht, deren Freizeicheneigenschaft durch das Patentamt festgestellt worden ist. Zusätzlich ist über den Buchhandel ein alphabetisches Freizeichenregister[1] erhältlich, das als Nachschlagewerk gedacht ist.

4.4.2 Fehlende Unterscheidungskraft

Obgleich die Unterscheidungskraft auch eine Eintragungsvoraussetzung ist, ist sie im Warenzeichengesetz nochmals als absolutes Eintragungshindernis aufgeführt. Der Sinn dieser Überschneidung läßt sich nur dadurch erklären, daß die nachstehend noch näher erläuterten und katalogartig aufgeführten möglichen Einzeltatbestände nicht als abschließende und vollständige Aufzählung zu betrachten sind. Der folgende Beispielkatalog soll den Begriff der Unterscheidungskraft faßbarer machen.

- Die *Abbildung oder Benennung der Ware* oder Teile derselben dienen zur Unterscheidung der Ware nach ihrer Art oder Gattung und lassen keine Rückschlüsse auf die Herkunft der Ware zu. So ist beispielsweise die Abbildung eines Hutes wegen fehlender Unterscheidungskraft für Hüte als Waren nicht eintragbar.
- Auch der *Abbildung oder Benennung charakteristischer Eigenschaften der Ware* wie Wort- oder Bildzeichen für Schuhsohlenprofil fehlt die Unterscheidungskraft.
- Die *Abbildung der Warenverpackung* ist ebenfalls nicht unterscheidungskräftig, es sei denn, ihr kommen originelle Gestaltungszüge zu.
- *Einfache geometrische Figuren* wie Verzierungen, Ornamente und Umrahmungen üblicher Art, also Zickzacklinien, Wellenlinien, Dreiecke, Vierecke oder Kreise, dienen in den meisten Fällen als Blickfang und sind nicht betriebskennzeichnend.
- *Farbgebungen,* wiedergegeben in Bild oder Wort, z. B. „Farbringreihe", strahlen im allgemeinen ebenfalls keine betriebskennzeichnende Wirkung aus.
- *Werbesprüche* sind nur dann unterscheidungskräftig, wenn sie wenigstens einen Bestandteil mit betrieblichem Hinweischarakter haben. Nicht eintragbar beispielsweise ist „Bier muß billig sein", jedoch eintragbar ist „Laß Dir raten, trinke Spaten", da Spaten als Wortbestandteil des Zeichens auf einen bestimmten Brauereibetrieb hinweist.
- *Angaben über die Verfahrens- oder Behandlungsform der Ware* sind auch nur dann eintragbar und unterscheidungskräftig, wenn

1 Zu beziehen bei Wila Verlag, München

mit dem Hinweis als solchem Bestandteile gekoppelt sind, die erkennbar einen Rückschluß auf einen Geschäftsbetrieb zulassen, z. B. „Melitta gefiltert".

- *Geschäftliche und kaufmännische Bezeichnungen,* z. B. Wörter wie Firma, Gesellschaft oder Hotel, sind für sich allein von der Eintragung ausgeschlossen. Die Verknüpfung eines derartigen Wortes mit einem Personennamen und/oder einer Abbildung stellen in der Gesamtheit ein unterscheidungskräftiges Zeichen dar.

Eine weitere Gruppe möglicher Angaben sind nach dem Gesetzeswortlaut aus absoluten Gründen von der Eintragung ausgeschlossen.

4.4.3 Zahlen und Buchstaben

Bezeichnungen, die ausschließlich aus Zahlen oder Buchstaben zusammengesetzt sind, z. B. Ziffern oder auch Buchstaben in lautlich ausgeschriebener Form, müssen für alle Gewerbetreibenden frei verwendbar sein.

4.4.4 Beschreibende Angaben

Unter den Begriff beschreibende Angaben fallen alle Zeichen, die ausschließlich Angaben über Art, Zeit und Ort der Herstellung, über die Beschaffenheit, die Bestimmung oder über Preis-, Mengen- oder Gewichtsverhältnisse der Ware enthalten. Wegen der großen Vielfalt der unter diesen Sammelbegriff fallenden Bezeichnungen sollen nur einige Beispiele angegeben werden: Champs elysee, Kompaktblitz, gutso, bessa, Hausboy, Instant, Maienbier, Nach Tisch, Thermalstahl.

Hoheits- und Gewährzeichen

Die Verwendung von Hoheitszeichen wie Staatswappen, Staatsflaggen oder andere staatliche Hoheitszeichen oder Wappen eines inländischen Ortes sind zum Schutze ihres Symbolgehalts für behördliche Zwecke nicht eintragbar. Damit soll eine Verwendung derartiger Hoheitszeichen im geschäftlichen Verkehr verhindert werden, wodurch die eigentliche Wirkung dieser Zeichen der Gefahr einer Entwertung ausgesetzt wäre. Auch Zeichen, die ein derartiges Hoheitszeichen nur als einen Bestandteil enthalten, sind insgesamt von der Eintragung ausgeschlossen.

- *Ausländische Staatswappen:* Hierzu gehören das Bundeswappen, die Wappen der deutschen Länder, Gemeinden, Städte, Orte, Kommunalverbände usw.
- *In- und ausländische Staatsflaggen:* Hierunter fallen auch die Bundespostflagge, Dienstflaggen von Bundesbehörden, die Standarte des Bundespräsidenten, Flaggen der deutschen Länder usw.
- *Hoheitszeichen:* Zusätzlich zu den Wappen und Flaggen fallen unter Hoheitszeichen auch Staatssiegel, Münzen, Ehrenzeichen, Orden, Papiergeld, Briefmarken sowie damit verwechslungsfähige Abbildungen.
- *Amtliche Prüf- und Gewährzeichen:* Hierzu gehören beispielsweise Eichstempel und Stempel, die den Edelmetallgehalt einer Legierung ausweisen.

Ärgerniserregende Darstellungen

Zeichen, die ärgerniserregende Darstellungen enthalten, sind unabhängig von der Zeichenart, d. h. gleichgültig, ob Bildzeichen, Wortzeichen oder kombiniertes Zeichen, nicht eintragbar.

Eine Darstellung ist ärgerniserregend, wenn sie das Empfinden eines beachtlichen Teils der angesprochenen Verkehrskreise verletzt. Das Empfinden kann sittlicher, politischer oder religiöser Natur sein. Sobald die Möglichkeit besteht, daß ein nennenswerter Personenkreis die Darstellung als anstößig empfindet, muß der Darstellung die Eintragung als Zeichen verwehrt werden, z. B. Seelenheil, Darstellung des Apostels Paulus für Bekleidungsstücke, Mittel zur Körper- und Schönheitspflege.

Irreführende Zeichen

Ein Zeichen ist irreführend, wenn es Angaben enthält, die *ersichtlich* den tatsächlichen Verhältnissen nicht entsprechen und die Gefahr einer Täuschung begründen. Entscheidend ist hierbei die Wirkung auf den damit in Berührung kommenden Personenkreis und wie dieser die Angaben auffaßt und versteht. Insbesondere kommen hierbei unrichtige Angaben über die Beschaffenheit, die Herkunft oder die Herstellung der Ware in Betracht. Geografische Herkunftsangaben oder auch fremdsprachliche Bezeichnungen können zu Irreführungen führen, z. B. Kuhabbildung für Margarine, Perlonseide für synthetische Fäden.

Notorische Marken

Unter dem Begriff der notorischen Marken sind eingetragene und nicht eingetragene Zeichen zu verstehen, die nach allgemeiner

Kenntnis innerhalb der beteiligten inländischen Verkehrskreise bereits von einem Gewerbetreibenden für gleiche oder gleichartige Waren benutzt werden.

Sortenbezeichnungen

Um einen Doppelschutz oder eine Kollision mit den Sortenschutzrechten zu vermeiden, sind solche Zeichen von der Eintragung ausgeschlossen, die mit einer zur Sortenschutzrolle oder zur Sortenliste des Bundessortenamtes früher angemeldeten und dort eingetragenen Sortenbezeichnung übereinstimmen.

4.5 Relative Eintragungshindernisse

Wenn eine Warenzeichenanmeldung die allgemeinen Eintragungsvoraussetzungen wie Geschäftsbetrieb, Zeichenfähigkeit und Unterscheidungskraft erfüllt und der Eintragung keine absoluten Hindernisse nach § 4 des Warenzeichengesetzes entgegenstehen, wird die Anmeldung bekanntgemacht. Dies geschieht, indem der Anmelder, der Geschäftsbetrieb, das Warenverzeichnis und das Zeichen selbst sowie gegebenenfalls eine Zeichenbeschreibung veröffentlicht werden. Mit der Bekanntmachung erhält der Anmelder praktisch die Zusage auf Eintragung des Zeichens unter dem Vorbehalt, daß keine kollidierenden älteren Zeichenrechte bestehen. Da diese Kollision mit möglichen älteren Zeichenrechten nicht von Amts wegen, sondern erst auf Widerspruch des Inhabers eines älteren Zeichens geprüft wird, werden die zur Kollision führenden Hindernisse als *relative Eintragungshindernisse* bezeichnet. Die Überprüfung der relativen Eintragungshindernisse setzt somit die *Bekanntmachung der Warenzeichenanmeldung* und den *Eingang eines Widerspruchs* voraus. Widerspruchsberechtigt ist jeder Inhaber eines früher angemeldeten, d. h. älteren Zeichens, unabhängig, ob das früher angemeldete Zeichen bereits zur Eintragung gelangt ist oder nicht. Maßgebend ist demnach der Anmeldezeitpunkt beim Deutschen Patentamt oder der in Anspruch genommene Prioritätstag.

Nach ordnungsgemäßer Widerspruchseinlegung wird das ältere Zeichen (Widerspruchszeichen) dem jüngeren Zeichen (bekanntgemachtes Warenzeichen) gegenübergestellt und auf Übereinstimmungen beider Zeichen überprüft. Eine Zeichenübereinstimmung setzt nicht die Identität beider Zeichen voraus, sondern es können auch bei verschiedenen Zeichen diese trotz vorhandener Abweichungen im Geschäftsverkehr zu Verwechslungen führen, so daß eine Verwechslungsgefahr bei der Verwendung beider Zeichen zu befürchten ist.

Eine Zeichenübereinstimmung ist zu bejahen, wenn neben den formellen Voraussetzungen (älteres und jüngeres Zeichen sowie ordnungsgemäße Widerspruchseinlegung) eine *Warengleichartigkeit* gegeben ist und eine *Verwechslungsgefahr* besteht. In besonders gelagerten Fällen muß auch noch die Benutzung des Widerspruchzeichens berücksichtigt werden.

4.5.1 Warengleichartigkeit

Das *ältere Zeichen* bzw. *Widerspruchszeichen* muß für gleiche oder gleichartige Waren wie das Anmeldezeichen angemeldet oder eingetragen sein. Es liegt in der Absicht des Warenzeichengesetzes, daß mit dem Zeichenschutz Irrtümer über die betriebliche Herkunft der Waren verhindert werden sollen. Eine Warengleichartigkeit ist daher anzunehmen, wenn die im freien Wettbewerb nebeneinanderstehenden Waren wegen der angebrachten Warenzeichen zu der irrtümlichen Annahme führen könnten, die Waren kämen aus derselben Herkunftsstätte.

Das Warenzeichengesetz definiert die Warengleichartigkeit nicht näher, sondern der Gesetzgeber hat die Ausfüllung dieses Begriffs der Rechtsprechung überlassen. Die höchstrichterliche Rechtsprechung vom Bundesgerichtshof (BGH) hat den Begriff der Warengleichartigkeit so umrissen. Danach ist Warengleichartigkeit anzunehmen, wenn die beiderseitigen Waren ihrer wirtschaftlichen Bedeutung und Verwendungsweise nach, insbesondere hinsichtlich ihrer regelmäßigen Fabrikations- oder Kaufstätte, so enge Berührungspunkte aufweisen, daß beim Durchschnittskäufer die Meinung aufkommen kann, sie stammten aus dem gleichen Geschäftsbetrieb, sofern übereinstimmende oder vermeintlich übereinstimmende Kennzeichnungen verwendet werden. Dieser Grundsatz stellt auf die Vorstellungen der Verbraucher hinsichtlich der Herkunft der Waren ab, um die Verbraucher vor Irreführungen in Schutz zu nehmen. Bei der Beurteilung der Warengleichartigkeit sind demnach die Vorstellungen der als Verbraucher in Betracht kommenden Verkehrskreise maßgebend, die mit den betreffenden Waren in Berührung kommen. Die Anforderungen, die an das Erinnerungs- und Unterscheidungsvermögen der Verbraucher zu stellen sind, hängen sehr stark von dem Personenkreis ab; ob es sich hierbei beispielsweise um Fachleute oder Laien handelt. Allgemein können an die Fachleute höhere Anforderungen als an Laien als Endverbraucher gestellt werden. Gleichartige und ungleichartige Waren sind tabellarisch und alphabetisch erfaßt.

Zu den wichtigsten Warengattungen gehören:

- *Sachgesamtheiten:* Sie bestehen wie Auto und Flugzeug meist aus vielen Einzelteilen. Diese Sachgesamtheiten und ihre Einzelteile oder auch die Einzelteile untereinander brauchen nicht durchweg gleichartig zu sein. Ähnlich ist auch das Verhältnis von Hauptware und Zubehör. Maßgebend bei der Entscheidung sind die jeweilige Ware und die Verkehrsauffassung über die Herstellungsstätte. Fahrräder sind beispielsweise gleichartig mit Lenkstangen und Fahrradglocken, hingegen ungleichartig mit Luftschläuchen.
- *Hauptware und Verpackung:* Flaschen, Gläser, Kisten, Kartons, Papier usw. als Hauptware und ihre Verpackung sind grundsätzlich ungleichartig.
- *Ware und Ersatzware:* In den meisten Fällen werden sie als gleichartig angesehen, z. B. Butter und Margarine, Leder und Kunstleder, Waren aus Gummi oder Gummi-Ersatzstoffen und entsprechende Gegenstände aus Kunststoff.
- *Rohstoffe und Halbfabrikate:* In der älteren Rechtsprechung sind sie nahezu ausnahmslos gleichartig mit Fertigungserzeugnissen. Nach der neueren Rechtsprechung sind Rohstoffe, Halbfabrikate und Fertigungserzeugnisse als gleichartig anzusehen, wenn die Fertigware aus dem Rohstoff ohne Zuhilfenahme fremder Substanzen zu gewinnen ist oder Halbfabrikate häufig von dem Hersteller der Fertigwaren miterzeugt werden. Dies gilt insbesondere dann, wenn das Zeichen des Halbfabrikats nach den Gepflogenheiten der Branche auch an der Fertigware erscheint.
- *Begleitende Marke:* Unter begleitender Marke ist ein Zeichen zu verstehen, das an einem Vorprodukt, z. B. einem Halbfabrikat, angebracht wird, bevor das Vorprodukt in anderen Betriebsstätten fertiggestellt wird, wobei dieses Zeichen auch beim Endprodukt in Erscheinung tritt. Die zu Rohstoffen und Halbfabrikaten entwickelten Grundsätze sind hierbei entsprechend anwendbar.

4.5.2 Verwechslungsgefahr

Um zu verhindern, daß sich ein jüngerer Anmelder (Anmeldezeichen) an den Werbeerfolg eines älteren Zeichens (Widerspruchszeichen) anlehnen kann, erstreckt sich der Schutzumfang eines älteren Zeichens auch auf ähnliche Bezeichnungen, die wegen ihrer Ähnlichkeit die Gefahr einer Verwechslung im Verkehr befürchten lassen. Das jüngere Zeichen muß deshalb vom älteren Zeichen einen so ausreichenden Abstand haben, daß eine Verwechslung mit hoher Wahrscheinlichkeit ausgeschlossen ist. Die Rechtsprechung unterscheidet zwischen Verwechslungsgefahr im engeren und im weiteren Sinne.

4.5.2.1 Verwechslungsgefahr im engeren Sinne

Verwechslungsgefahr im engeren Sinne ist gegeben, wenn ein zeichenrechtlich beachtlicher Teil der als Abnehmer in Betracht kommenden Verkehrskreise wegen der Ähnlichkeit der Zeichen annehmen kann, daß die mit den beiden gegenüberstehenden Zeichen versehenen Waren von demselben Unternehmen hergestellt und/oder vertrieben werden. Bei dieser Verwechslungsgefahr im engeren Sinne sind Verwechslungen über die Unternehmensidentität zu befürchten.

Eine *unmittelbare* Verwechslungsgefahr ist gegeben, wenn die Zeichen sich so stark annähern, daß sie vom Großteil der beteiligten Verkehrskreise als identisch angesehen werden. Bei der *mittelbaren* Verwechslungsgefahr haben die gegenüberstehenden Zeichen einen übereinstimmenden Bestandteil, der bei der Verwendung des Zeichens die Schlußfolgerung nahelegt, daß mit der den übereinstimmenden Bestandteil enthaltenden Kennzeichnung nur eine andere Warenart oder Warensorte bezeichnet wird, die aus dem gleichen Geschäftsbetrieb stammt.

4.5.2.2 Verwechslungsgefahr im weiteren Sinne

Bei der Verwechslungsgefahr im weiteren Sinne sind die einander gegenüberzustellenden Zeichen so ähnlich, daß die beteiligten Verkehrskreise zwar die betriebliche Herkunft der Waren unterscheiden, aber durch die Ähnlichkeit der Anschein entsteht, daß wirtschaftliche oder organisatorische Beziehungen zwischen den Geschäftsbetrieben der Zeicheninhaber bestehen.

4.5.2.3 Beurteilungsmaßstäbe der Verwechslungsgefahr

Da es zur Verwechslungsgefahr eine umfangreiche Rechtsprechung gibt, sollen nur die wesentlichen Gesichtspunkte dargestellt werden.

Zeichenwirkung

Im Verkehr prägt sich das Zeichen unabhängig von der Zeichenart bildlich, klanglich und begrifflich ein. Da das Erinnerungsvermögen individuell verschieden ist und auf der Bildwirkung, der Klangwirkung oder dem Sinngehalt basiert, reicht schon eine Annäherung in einer der drei Richtungen aus, um die gegenüberstehenden Zeichen zu verwechseln.

- *Bildwirkung:* Eine Bildwirkung kommt nicht nur Bildzeichen, sondern auch Wortzeichen durch eine schriftbildliche Wiedergabe zu, so daß auch ausschließliche Wortzeichen hinsichtlich ihrer Bildwirkung zu prüfen sind, z. B. bildlicher Gesamteindruck des Zeichens „Quick“ nach Ober- und Unterlängen des Schriftbildes, Verwechslungsgefahr bei Brisk/Briso.
- *Klangwirkung:* Die Klangwirkung ist insbesondere bei Wortzeichen maßgebend, wobei nicht vorausgesetzt werden kann, daß Verzerrungen durch die Aussprache und durch die Betonung entstehen. Diese Verzerrungen müssen jedoch im Bereich des tatsächlich Möglichen liegen und dürfen nicht auf Phantastereien beruhen, z. B. Conny, Bonny nach Silbengliederung und Vokalfolge; Verwechslungsgefahr bejaht bei Securo/Sekurit.
- *Sinngehalt:* Wortzeichen, Bildzeichen und auch kombinierte Zeichen können einen Sinngehalt ergeben. Auch wenn beispielsweise ein Wortzeichen einem Bildzeichen gegenübersteht und beide den gleichen Sinngehalt zum Ausdruck bringen, können sie durchaus auch untereinander verwechselbar sein, ohne daß die Zeichenart hierauf einen Einfluß hat, z. B. Hexe, Adler, nicht aber Zentra, Rentra, Verwechslungsgefahr bejaht bei Jägerfürst/ Jägermeister.

Beteiligte Verkehrskreise

Die Verwechslungsgefahr ist im starken Maße von den Verkehrskreisen abhängig, die mit den Waren der gegenüberstehenden Zeichen in Berührung kommen. Diese beteiligten Verkehrskreise richten sich meist nach der Warenart, d. h. ob es sich um Massenartikel handelt, oder ob die gleichartigen Waren nur einem begrenzten Personenkreis wie zum Beispiel einem Fachkreis zugänglich sind. Richten sich die Waren an die Allgemeinheit der Endverbraucher, z. B. bei Massenartikeln, so sind Verwechslungen wesentlich wahrscheinlicher als bei einem begrenzten Fachpublikum. Beim Fachpublikum kann man voraussetzen, daß es gewohnt ist, die Ware und somit auch das angebrachte Warenzeichen näher zu betrachten. Von diesen Fachkreisen können auch schon geringere Unterschiede zwischen Zeichen wahrgenommen werden, als es von der Allgemeinheit insgesamt zu erwarten ist.

Warennähe

Liegen die Waren der gegenüberstehenden Zeichen im Gleichartigkeitsbereich und sind sie nur ähnlich, jedoch nicht identisch, dann wird die Verwechslungsgefahr durch die Warennähe verstärkend und durch die Warenferne abschwächend beeinflußt.

Kennzeichnungskraft

Der Schutzumfang eines älteren Zeichens bestimmt sich nach der Kennzeichnungskraft des Zeichens. Die Kennzeichnungskraft ist keine unveränderliche Größe, sondern steht beispielsweise in unmittelbarem Zusammenhang mit dem Umfang der Benutzung. Die Kennzeichnungskraft charakterisiert die Anziehungswirkung oder den Bekanntheitsgrad eines Zeichens. In Abhängigkeit von der Stärke der Kennzeichnungskraft und des unmittelbar damit im Zusammenhang stehenden Schutzumfangs muß das jüngere Zeichen einen größeren oder kleineren Abstand zum älteren Zeichen einhalten. Gemessen an der Kennzeichnungskraft unterscheidet man:

- *Normale Zeichen:* Sie haben eine durchschnittliche Kennzeichnungskraft und einen normalen Schutzumfang. Jedem Zeichen kommt dieser Schutzumfang zu und bei der Beurteilung der Kennzeichnungskraft wird von einer normalen Kennzeichnungskraft ausgegangen.
- *Schwache Zeichen:* Hierbei handelt es sich um Zeichen, die schon ursprünglich nur eine geringe Unterscheidungskraft haben oder deren Anziehungskraft zeitabhängig, beispielsweise durch Eintragung ähnlicher Zeichen, geschmälert worden ist. Die Beweise für die Schwäche eines Zeichens müssen von der Partei erbracht werden, die sich darauf beruft. Die Verwendung von Motiven, die für die Kennzeichnung der Ware naheliegend sind, führt zu einem von Anfang an schwachen Zeichen wie Sonne, Stern, Krone.
- *Starke Zeichen:* Diese Zeichen lassen sich entweder schon ursprünglich leicht einprägen oder sind besonders phantasievoll oder genießen beispielsweise durch umfangreiche Benutzung Verkehrsgeltung. Der Schutzbereich starker Zeichen ist selbstverständlich größer als bei einem normalen Zeichen. Das Bild einer Teetasse ist zum Beispiel verwechselbar mit dem stark im Verkehr durchgesetzten Zeichen Teekanne.
- *Überragende Kennzeichnungskraft:* Hierbei handelt es sich um berühmte, allgemein bekannte Zeichen, die nicht nur vor einer Verwechslungsgefahr, sondern auch vor einer Verwässerungsgefahr geschützt werden. Während die Verwechslungsgefahr nur im Rahmen von gleichen oder gleichartigen Waren Geltung hat, besteht eine Verwässerungsgefahr auch bei Warenungleichartigkeit. Das berühmte Zeichen Salamander für Schmirgelpapier oder Bayerkreuz für Sämereien ist verboten.

4.5.3 Benutzung des Widerspruchszeichens

Durch die Änderung des Warenzeichengesetzes 1967 wurde der sogenannte *bedingte Benutzungszwang* eingeführt. Nach der vorgesehenen Übergangsregelung kann von Seiten des Zeichenanmelders der Einwand der Nichtbenutzung erst seit dem 1. Januar 1973 geltend gemacht werden. Der Benutzungszwang für den Inhaber des älteren Zeichens, aus dem Widerspruch erhoben wird (Widerspruchszeichen), ist dadurch bedingt, daß einerseits das Widerspruchszeichen zum Zeitpunkt der Bekanntmachung des Anmeldezeichens fünf Jahre in die Warenzeichenrolle eingetragen sein muß und andererseits der Zeicheninhaber, wenn diese Bedingung erfüllt ist, die Benutzung des Widerspruchszeichens bestreiten muß. Nur wenn diese beiden Bedingungen erfüllt sind, wird die Benutzungslage des Widerspruchszeichens im Widerspruchsverfahren vom Deutschen Patentamt überprüft. Der Zeicheninhaber des Widerspruchszeichens bzw. des älteren Zeichens muß dann gegenüber dem Deutschen Patentamt die Benutzung seines Zeichens glaubhaft machen. Hierzu werden insbesondere Angaben hinsichtlich der Dauer der Benutzung, des Umfangs der Benutzung und der Art der Benutzung benötigt. Die Angaben sind in einer solchen Form vorzulegen, daß das Deutsche Patentamt abschließend beurteilen kann, ob eine überwiegende Wahrscheinlichkeit für die Annahme einer Benutzung spricht oder nicht.

Seitdem der bedingte Benutzungszwang im Rahmen des Widerspruchsverfahrens wirksam ist, ergehen ständig neue und sich teilweise widersprechende Entscheidungen. Der Entscheidungsfindungsprozeß ist noch nicht zum Abschluß gekommen. Vielmehr ergeben sich laufend neue Probleme, die insbesondere die Zweckmäßigkeit der Einführung des bedingten Benutzungszwanges im Hinblick auf eine zeitlich gestraffte Abwicklung des Widerspruchsverfahrens zweifelhaft erscheinen lassen.

4.6 Sonderformen

In diesem Abschnitt sollen Besonderheiten bei Warenbezeichnungen und Bezeichnungen für Dienstleistungen erörtert werden, die auch im Warenzeichengesetz geregelt sind, aber eine Sonderstellung einnehmen.

4.6.1 Verbandszeichen

Das Verbandszeichen ist ein Kollektivzeichen, das von einem gewerbliche Zwecke verfolgenden rechtsfähigen Verband zur Eintragung angemeldet werden kann. Ein solches Zeichen wird nicht vom Verband als solchem benutzt, sondern die Mitglieder des Verbandes verwenden das Zeichen als Kennzeichnung, z. B. VDE-Zeichen. Ein derartiges Zeichen weist demnach nicht auf einen bestimmten Betrieb hin, sondern auf eine in Form eines Verbandes zusammengeschlossene Gruppe von Betrieben.

Auf Verbandszeichen sind im wesentlichen die Bestimmungen des Warenzeichenrechts anzuwenden, die zuvor bereits abgehandelt worden sind. Nur unbedeutsame Ausnahmen sind zu berücksichtigen.

Die wirtschaftliche Bedeutung des Verbandszeichens ist darin zu sehen, daß für die einzelnen Mitglieder des Verbandes Reklamekosten zur Durchsetzung eines eigenen Zeichens entfallen. Häufig vermittelt das Verbandszeichen auch eine durch die Verbandssatzung gewährleistete Güte oder Beschaffenheit der Ware. Dann ist das Verbandszeichen auch zugleich ein Gütezeichen.

4.6.2 Ausstattung

Die Ausstattung ist eine besondere Art einer Warenbezeichnung, die im Gegensatz zum Warenzeichen keine Formalitäten wie eine Anmeldung und Eintragung notwendig macht. Das Warenzeichenrecht ist ein förmliches Registerrecht, das die Entwicklung eines eingetragenen Zeichens zum wirtschaftlichen Wert und Erfolg begünstigen will. Demgegenüber knüpft die Ausstattung an einen bereits vorhandenen Werbeerfolg einer Warenbezeichnung und an ihre Durchsetzung im Verkehr an, um die bereits erbrachte Werbeleistung gegen Beeinträchtigungen zu sichern.

Allgemein gesprochen kann jedes Warenzeichen auch Ausstattungsschutz genießen, nicht aber umgekehrt. Unter der *Ausstattung* ist eine besondere Form und Aufmachung einer Ware oder Warenankündigung zu verstehen, die Unterscheidungskraft besitzt, z. B. die vielerorts bekannte Odol-Flasche.

Eine Ausstattung wird nur geschützt, wenn sie Verkehrsgeltung erlangt hat. Wenn ein nicht ganz unerheblicher Teil der beteiligten Verkehrskreise die Bezeichnung als einen Hinweis auf einen bestimmten Geschäftsbetrieb auffaßt, reicht dies zur Annahme einer Verkehrsgeltung aus. Die Ausstattung braucht nicht im gesamten Bundesgebiet eine Verkehrsgeltung zu haben. Es genügt ein räumlich begrenztes Gebiet, selbst wenn es kleiner als ein Bundesland ist. Der Schutz der Ausstattung erstreckt sich nur auf das Gebiet, in dem die Warenbezeichnung Verkehrsgeltung hat.

Der Ausstattungsschutz beginnt mit der Erlangung der Verkehrsgeltung und endet wiederum mit deren Verlust. Nur innerhalb dieses Zeitraums kann der Inhaber einer als Ausstattung anzuerkennenden Warenbezeichnung Beeinträchtigungen und Eingriffe abwehren.

4.6.3 Dienstleistungsmarke

Bisher kannte das deutsche Warenzeichengesetz keine Dienstleistungsmarke. Erst seit dem 1. April 1979 können nach einer Gesetzesänderung auch Dienstleistungsmarken in der Bundesrepublik Deutschland angemeldet werden, auf die die Vorschriften über Warenzeichen mit der Maßgabe anzuwenden sind, daß Gleichartigkeit auch zwischen Waren und Dienstleistungen bestehen kann. Diese Gesetzesänderung bildet die Grundlage dafür, daß auch Dienstleistungsbezeichnungen bzw. Dienstleistungsmarken dem Schutz nach dem Warenzeichengesetz zugänglich sind. Unter einer *Dienstleistung* ist jede Tätigkeit zu verstehen, die für einen anderen erbracht wird. Typische Dienstleistungsunternehmen sind beispielsweise Banken, Versicherungen, Hotel- und Gaststättenunternehmen, Verkehrsbetriebe, Transportunternehmen, Werbeagenturen, Industrie- und Personalberatungsunternehmen. Bei Dienstleistungsbezeichnungen sind im wesentlichen die im Zusammenhang mit dem Warenzeichen erörterten Einzelheiten zu beachten.

Auch können mit ein und derselben Bezeichnung Waren und Dienstleistungen unter Schutz gestellt werden. Da zur Gleichstellung der inländischen Anmelderschaft den Dienstleistungsbezeichnungen im Gegensatz zu Warenzeichen keine Prioritätsrechte eingeräumt werden, können sich bei der Koppelung von Waren und Dienstleistungen auch Nachteile ergeben. So kann den Waren beispielsweise ein anderer Anmeldezeitpunkt als den Dienstleistungen zukommen, selbst wenn ein- und dieselbe Bezeichnung mit einem Antrag angemeldet worden ist. Da die Interessenlage sehr vielschichtig ist, muß zuerst abgewartet werden, inwiefern eine solche Ausnahmeregelung für die Dienstleistungen praktikabel ist. Da auch die Verlängerungsgebühren in Abhängigkeit vom Anmeldetag fällig werden, ergeben sich unterschiedliche Fälligkeiten dieser Gebühren für Waren und Dienstleistungen, woraus auch organisatorische Schwierigkeiten resultieren. Bisher kann auf keine Erfahrungserkenntnisse zurückgegriffen werden. Deshalb bleiben noch viele Fragen offen, bis sich die Rechtssprechung mit diesen komplexen Fragen befaßt hat.

4.7 Schutzrechtserteilung

Soll eine Bezeichnung als Warenzeichen nach dem Warenzeichengesetz unter Schutz gestellt werden, so bedarf es einer Anmeldung, die bei der zuständigen Hinterlegungsbehörde, dem Deutschen Patentamt, schriftlich einzureichen ist. Die Hinterlegung ist nur wirksam, wenn die für die Anmeldung benötigten Anmeldeunterlagen vollständig sind.

4.7.1 Formale Erfordernisse

4.7.1.1 Allgemeine Formalitäten

Anmeldeantrag

Der Anmeldeantrag ist in zwei gleichlautenden Ausfertigungen beim Deutschen Patentamt einzureichen. Er muß Angaben zur Personenidentität des Anmelders, d. h. Name und Anschrift, enthalten. Falls der Anmelder einen Vertreter bestellt, ist auch dieser anzugeben und durch Bevollmächtigung auszuweisen.

Die Art des Geschäftsbetriebs ist in verkehrsüblicher Benennung anzugeben, z. B. Chemische Fabrik, Maschinenfabrik, Spinnerei, Kolonialwarenhandlung. Zu allgemein gefaßte Angaben wie „Herstellung und Vertrieb nachstehender Waren“ sind unzulässig, da hierdurch eine Nachprüfung des angegebenen Geschäftsbetriebs unmöglich wird, auch wenn eine solche von Seiten des Patentamts nur in Zweifelsfällen vorgenommen wird.

Warenverzeichnis

Im Warenverzeichnis sind die Waren aufzuführen, für die das Warenzeichen unter Schutz gestellt werden soll. Die unter Schutz zu stellenden Waren müssen von der Bezeichnung des Geschäftsbetriebs gedeckt sein, d. h. die angemeldeten Waren müssen von dem Geschäftsbetrieb des Anmelders üblicherweise geführt werden.

Zeichendarstellung

Die vom Anmelder gewählte Warenbezeichnung ist vollständig anzugeben. Bei gewöhnlichen Wortzeichen kann sie direkt im Anmeldeantrag aufgeführt werden. Ergänzungen bedarf es nur, wenn bei einem Wortzeichen die Schreibweise in Großbuchstaben oder in einer Schriftgestaltung und Anordnung gewählt wird, die von der üblichen Schreibweise in Antiqua-Schrift abweicht. Auch wenn die Farbgebung der Buchstaben maßgebend sein soll, muß es im Anmeldeantrag ausdrücklich erwähnt werden, da an sich die Darstellungen in schwarz-weißer Ausführung üblich sind.

Bei der Anmeldung eines Bildzeichens oder eines kombinierten Wort-Bildzeichens sind dem Anmeldeantrag zwölf gleiche Zeichendarstellungen beizufügen. Bei farbiger Wiedergabe kann das Patentamt noch weitere 20 Darstellungen nachfordern.

Zeichenbeschreibung

Wenn die im Anmeldeantrag aufgeführte oder dem Anmeldeantrag beigefügte Zeichendarstellung das Zeichen deutlich wiedergibt, kann eine nähere Zeichenbeschreibung entfallen. Insbesondere bei mehrteiligen Zeichen, z. B. bei Hals- und Bauchetiketten von Flaschen, sind in einer Zeichenbeschreibung noch die Zuordnungen der Zeichenbestandteile anzugeben, für die Schutz begehrt wird, wenn diese Zuordnung nicht schon allein durch die Größe und Ausbildungsform der gewählten Zeichendarstellungen ohne weiteres ersichtlich ist.

Die Zeichenbeschreibung dient nur zur Erläuterung des Zeichens und darf keine Ergänzungen desselben enthalten oder der Inhalt der Zeichenbeschreibung darf nicht im Widerspruch zum Zeichengehalt stehen.

4.7.1.2 Besonderheiten bei Verbandszeichen

Bei der Anmeldung eines Verbandszeichens entfällt die Angabe des Geschäftsbetriebs, da nur die Verbandsmitglieder und nicht der Verband selbst ein Geschäftsbetrieb zu sein braucht. Das Warenverzeichnis eines Verbandszeichens darf nur Waren enthalten, die die Verbandsmitglieder als Hauptware führen. Zu einem Verband zusammengeschlossene Fleischer-Fachgeschäfte können beispielsweise als Waren für ihr Verbandszeichen kein Verpackungsmaterial angeben, da für die Mitglieder des Verbands Verpakkungsmaterial nur eine Hilfsware ist, in der die vom Käufer erworbene Ware verpackt wird. Frei verkäuflich ist das Verpackungsmaterial bei den einzelnen Fachgeschäften in der Regel nicht.

4.7.1.3 Besonderheiten bei Dienstleistungsmarken

Bei der Anmeldung von Dienstleistungsmarken ist anstelle des Geschäftsbetriebs die übliche Bezeichnung des Dienstleistungsbetriebs wie Bank oder Versicherungsunternehmen anzugeben. Anstelle des Warenverzeichnisses ist ein Dienstleistungsverzeichnis einzureichen, das die Dienstleistungen enthält, für die die Bezeichnung bzw. Marke geschützt werden soll. Die Dienstleistungen sind hierbei so zu bezeichnen, daß sie sich in Klassen einordnen lassen, deren Bezeichnungen in einem Klassenverzeichnis angegeben sind[1].

4.7.2 Erteilungsverfahren

Beim Eingang der vollständigen Unterlagen beim Deutschen Patentamt wird der Zeitrang der Anmeldung festgesetzt. Dieser ist durch den Tag des Eingangs der Anmeldeunterlagen beim Patentamt bestimmt, der als Anmeldetag bezeichnet wird.

Mit Eingang der Anmeldung beim Deutschen Patentamt wird automatisch das Erteilungsverfahren des Schutzrechts in Gang gesetzt, das insgesamt als Eintragungsverfahren bezeichnet wird. Der Ablauf des Eintragungsverfahrens ist schematisch im *Bild 6* dargestellt. Das Eintragungsverfahren gliedert sich in die Hauptabschnitte

- Verfahrensabschnitt I unter ausschließlicher Beteiligung des Anmelders.
- Verfahrensabschnitt II unter Beteiligung des Inhabers eines älteren, kollisionsbegründenden Zeichens.

4.7.2.1 Verfahrensabschnitt I unter ausschließlicher Beteiligung des Anmelders

Formalprüfung

Bei der Formalprüfung werden die Unterlagen auf offensichtliche Mängel durchgesehen. Nach Feststellung eines Mangels wird der Anmelder in Kenntnis gesetzt und aufgefordert, den Mangel zu beseitigen. Beseitigt der Anmelder den Mangel nicht oder nicht vollständig, so faßt die beim Deutschen Patentamt zuständige Prüfungsstelle einen Beschluß, mit dem die Anmeldung zurückgewiesen wird. Gegen diesen Beschluß kann der Anmelder ein Rechtsmittel einlegen.

Eine Besonderheit bei dem Warenzeicheneintragungsverfahren im Vergleich zu den anderen Schutzrechtserteilungsverfahren liegt in der Tatsache, daß mit der Bearbeitung von Warenzeichenanmeldungen auch Beamte des gehobenen Dienstes betraut werden. Ist der Beschluß des Deutschen Patentamts von einem Beamten des gehobenen Dienstes erlassen worden, so kann der Anmelder als Rechtsmittel gegen diesen Beschluß Erinnerung beim Deutschen

---

1 Vgl. Merkblatt für Warenzeichenanmelder des Deutschen Patentamtes

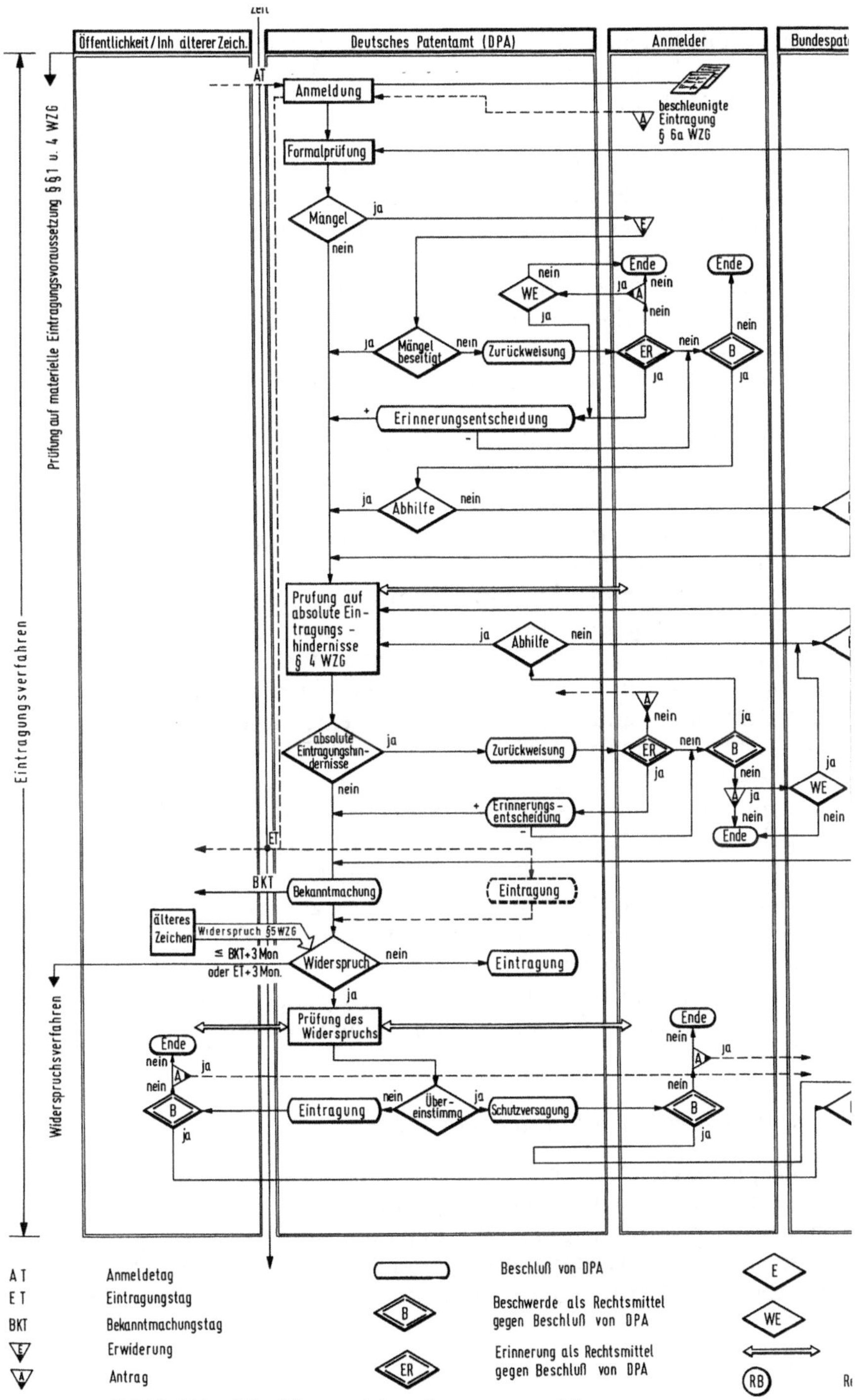

Bild 6. Ablauf des Warenzeicheneintragungsverfahrens

Patentamt einlegen. Die Erinnerung ist gebührenfrei und innerhalb eines Monats nach Zustellung des Beschlusses beim Deutschen Patentamt schriftlich einzureichen. Mit Einlegung dieses Rechtsmittels wird der erste Beschluß nochmals von einem rechtskundigen oder technischen Mitglied überprüft, wodurch der Erstbeschluß entweder bestätigt oder aufgehoben wird.

Wird der Erstbeschluß des Deutschen Patentamts in der Erinnerungsinstanz bestätigt, so kann der Anmelder sein Begehren mit dem Rechtsmittel der Beschwerde weiterverfolgen. Die Beschwerde kann er innerhalb eines Monats nach Zustellung des Beschlusses der Erinnerungsinstanz mit gleichzeitiger Zahlung der vorgeschriebenen Beschwerdegebühr beim Deutschen Patentamt einlegen.

Wird die Frist zur Einlegung des Rechtsmittels, der Erinnerung oder der Beschwerde, versäumt, so kann der Anmelder einen Antrag auf Wiedereinsetzung stellen; bei dessen Stattgabe wird der Anmelder wieder in den Verfahrensstand eingesetzt, den er ohne die Fristversäumung erlangt hätte.

In dem Abschnitt des Eintragungsverfahrens mit ausschließlicher Beteiligung des Anmelders kann nach Einlegung der Beschwerde das Deutsche Patentamt abhelfen, wenn der gerügte Mangel nunmehr teilweise oder vollständig beseitigt ist. Verfolgt der Anmelder seine Vorstellung ohne eine Beseitigung des vom Deutschen Patentamt gerügten Mangels weiter, dann wird die Anmeldeakte nach Einlegung der Beschwerde beim Deutschen Patentamt ohne weitere Bearbeitung an das Bundespatentgericht weitergeleitet. Das Bundespatentgericht fällt danach eine Entscheidung, indem es in der Regel die Anmeldung entweder an das Deutsche Patentamt zur weiteren Prüfung zurückverweist oder die Beschwerde zurückweist, wodurch die Zurückweisung vom Deutschen Patentamt rechtskräftig wird. In Sonderfällen läßt der mit der Entscheidung betraute Beschwerdesenat des Bundespatentgerichts die Rechtsbeschwerde beim Bundesgerichtshof (BGH) zu (*Bild 7*).

Prüfung auf absolute Eintragungshindernisse

Nach positivem Abschluß der Formalprüfung wird dann die Anmeldung auf absolute Eintragungshindernisse[1] nach § 4 des Warenzeichengesetzes geprüft. Werden absolute Eintragungshindernisse erkannt, so werden diese mit dem Anmelder erörtert. Können die absoluten Eintragungshindernisse nicht ausgeräumt werden, so

1 Vgl. Abschnitt 4.4

wird die Warenzeichenanmeldung insgesamt zurückgewiesen. Der Anmelder hat gegen den Zurückweisungsbeschluß das Rechtsmittel der Erinnerung und/oder das Rechtsmittel der Beschwerde. Nach Abschluß der Rechtsmittelinstanz wird die Anmeldung entweder rechtswirksam zurückgewiesen oder zur weiteren Prüfung an das Deutsche Patentamt zurückverwiesen oder bei positivem Ausgang der Rechtsmittelinstanz für eintragbar gehalten.

Stehen der Eintragung des Warenzeichens keine absoluten Eintragungshindernisse entgegen oder wird die Warenzeichenanmeldung nach Durchlauf der Rechtsmittelinstanz für eintragbar erachtet, so wird die Warenzeichenanmeldung vom Deutschen Patentamt im Warenzeichenblatt, Teil I, bekannt gemacht. Die Veröffentlichung enthält das angemeldete Zeichen, den Zeitpunkt der Anmeldung, Name und Wohnort des Anmelders und gegebenenfalls des Vertreters, den Geschäftsbetrieb, das Warenverzeichnis und das Aktenzeichen.

Beschleunigte Eintragung

Im *Bild 6* ist in gebrochenen Linien schematisch eine beschleunigte Eintragung eines Warenzeichens angedeutet. Mit dieser beschleunigten Eintragung wird der Zweck verfolgt, Prioritätsnachteile für den Anmelder bei einer internationalen Registrierung eines Zeichens zu verhindern. Nach den maßgebenden Bestimmungen, die die Priorität bei Warenzeichen regeln, setzt eine internationale Registrierung eine Eintragung der Erstanmeldung im Heimatland voraus. Mit der Stellung des Antrags von Seiten des Anmelders, das angemeldete Zeichen beschleunigt einzutragen, muß ein berechtigtes Interesse daran glaubhaft gemacht werden. Hierzu reicht im allgemeinen der Hinweis aus, daß eine internationale Registrierung der Anmeldung beabsichtigt ist.

Auch bei der beschleunigten Eintragung wird die Anmeldung auf die allgemeinen Eintragungsvoraussetzungen und auf absolute Eintragungshindernisse geprüft, jedoch wird die Anmeldung vorrangig behandelt.

Anstelle der Bekanntmachung der Anmeldung wird nach Abschluß der Prüfung auf materielle Eintragungsvoraussetzungen die Anmeldung eingetragen, indem sie im Warenzeichenblatt veröffentlicht wird. Der Inhalt der Veröffentlichung bei der Eintragung deckt sich mit jenem bei der Bekanntmachung.

Mit der Bekanntmachung oder der beschleunigten Eintragung der Warenzeichenanmeldung ist der Verfahrensabschnitt I unter ausschließlicher Beteiligung des Anmelders abgeschlossen.

4.7.2.2 Verfahrensabschnitt II unter Beteiligung des Inhabers eines älteren Zeichens

Nach dem Verfahrensabschnitt I kann sich der Verfahrensabschnitt II unter Beteiligung einer weiteren Partei, ein sogenanntes zweiseitiges Verfahren, anschließen. Dieser Abschnitt wird als Widerspruchsverfahren bezeichnet.

Widerspruchsverfahren

Innerhalb von drei Monaten nach Bekanntmachung oder bei beschleunigter Eintragung nach der Eintragung der Zeichenanmeldung kann ein Inhaber einer älteren Zeichenanmeldung oder eines älteren Zeichens Widerspruch gegen die Eintragung einlegen, wenn das ältere Zeichen oder das Zeichen der älteren Anmeldung für gleiche oder gleichartige Waren bestimmt ist und mit dem Anmeldezeichen übereinstimmt. Nach Einlegen des Widerspruchs gegen die Bekanntmachung oder Eintragung des Anmeldezeichens wird das Vorbringen der widersprechenden Partei geprüft. Bei der Prüfung des Widerspruchs wird die Sachlage mit beiden Parteien erörtert. Der Widersprechende hat eine dem Anmelder gleichwertige parteiähnliche Verfahrensstellung. Das Widerspruchsverfahren wird gegebenenfalls unter Ausnutzung aller zur Verfügung stehender Rechtsmittelinstanzen beider Parteien abgeschlossen, indem das bekanntgemachte Zeichen eingetragen oder die Eintragung des beschleunigt eingetragenen Zeichens bestätigt oder dem Zeichen die Eintragung oder der Schutz versagt wird.

Mit rechtswirksamem Abschluß des Widerspruchsverfahrens ist das Eintragungsverfahren für ein Warenzeichen abgeschlossen.

Wenn alternativ gegen die Bekanntmachung oder bei der beschleunigten Eintragung gegen die Eintragung kein Widerspruch eingelegt wird, wird das Zeichen direkt in die Warenzeichenrolle eingetragen und im Warenzeichenblatt, Teil II, veröffentlicht.

Rechtsbeschwerdeverfahren

Gegen alle Beschlüsse als Entscheidungen des Bundespatentgerichts haben der oder die Verfahrensbeteiligten das Rechtsmittel der Rechtsbeschwerde. Hierdurch kann das Begehren bis zur endgültigen Entscheidung durch den Bundesgerichtshof weiterverfolgt werden.

Der Ablauf des Rechtsbeschwerdeverfahrens ist schematisch im *Bild 7* dargestellt und entspricht dem Rechtsbeschwerdeverfahren in Patent[1]- und Gebrauchsmustersachen[2].

---

1 Vgl. Abschnitt 2.7.2.4 2 Vgl. Abschnitt 3.4.2

Die Eintragung des Warenzeichens wirkt konstitutiv, d. h. mit der Eintragung des Zeichens in die Rolle entsteht das Zeichenrecht. Mit der Eintragung entfaltet das Warenzeichen seine umfassende Schutzwirkung, nach der dem Zeicheninhaber als positiver Inhalt die ausschließliche Benutzung zuerkannt wird und als negativer Inhalt der Anmelder ein Verbietungsrecht als Schutz gegen unerlaubte Benutzungen anderer hat.

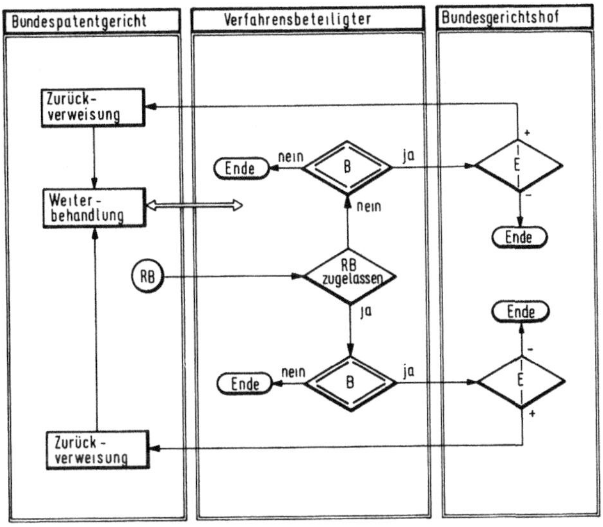

Bild 7. Ablauf des Rechtsbeschwerdeverfahrens

4.8 Erlöschen

Im Gegensatz zu den technischen Schutzrechten kann die Schutzdauer eines Zeichens um jeweils 10 Jahre beliebig oft verlängert werden. Die Verlängerungsgebühr ist mit Ablauf der jeweiligen Schutzdauer, berechnet nach dem Anmeldetag, fällig und kann innerhalb von zwei Monaten zuschlagsfrei einbezahlt werden.

Wird die Verlängerungsgebühr nicht fristgerecht entrichtet, ergeht anschließend an die Zwei-Monats-Frist ein Löschungsvorbescheid, mit dem unter Angabe einer endgültigen Frist zur Gebührenzahlung aufgefordert wird. Wird die Verlängerungsgebühr auch dann nicht gezahlt, so wird das Zeichen von Amts wegen gelöscht. Aber auch auf Antrag des Zeicheninhabers kann wie bei dem Verzicht auf das Schutzrecht das Zeichen jederzeit gelöscht werden.

Bei Nichtzahlung der Verlängerungsgebühr und auf Antrag des Zeicheninhabers erlöschen der Zeichenschutz und das Zeichenrecht für die Zukunft.

4.8.1 Zeichenrechtliche Löschung

Ein Dritter in Stellvertretung der Öffentlichkeit kann im Rahmen eines Löschungsverfahrens ein eingetragenes Zeichen jederzeit löschen lassen. Das Zeichenrecht erlischt hierbei ähnlich wie bei der Nichtigkeit oder Gebrauchsmusterlöschung rückwirkend. Als Löschungsverfahren gibt es zwei voneinander unabhängige Möglichkeiten.

4.8.1.1 Löschungsantrag nach § 10 WZG

Nach § 10 des Warenzeichengesetzes (WZG) kann von jedem beliebigen Dritten ein Löschungsantrag beim Deutschen Patentamt gestellt werden. Als Löschungsgründe können das Fehlen der materiellen Eintragungsvoraussetzungen ganz allgemein geltend gemacht werden, demnach die allgemeinen Eintragungsvoraussetzungen und/oder absolute Eintragungshindernisse, die der Eintragung des Zeichens entgegenstehen.

Das Löschungsverfahren (*Bild 8*) wird durch den Eingang des Löschungsantrags beim Deutschen Patentamt eingeleitet. Dann wird der Zeicheninhaber vom Deutschen Patentamt von dem Eingang des Löschungsantrags eines Dritten benachrichtigt. Widerspricht der Anmelder nicht innerhalb eines Monats nach der Zustellung der Benachrichtigung, so wird ohne nähere Erörterung des Vorbringens des Löschungsantragstellers das Zeichen gelöscht.

Widerspricht der Zeicheninhaber, wird der Löschungsantrag von der zuständigen Warenzeichenabteilung geprüft und mit den beteiligten Parteien erörtert. Nach abgeschlossener eingehender Erörterung fällt die Warenzeichenabteilung erstinstanzlich eine Entscheidung, mit der der Löschungsantrag entweder abgewiesen oder dem Löschungsbegehren des Antragstellers entsprochen wird.

Beide Parteien, der Zeicheninhaber und der Löschungsantragsteller, haben als Rechtsmittel gegen diese Entscheidung die Beschwerde. Die Beschwerde ist innerhalb eines Monats nach Zustellung der Entscheidung beim Deutschen Patentamt unter Zahlung der vorgeschriebenen Gebühr einzulegen. Nach ordnungsgemäßer Beschwerdeerhebung entscheidet in zweiter Instanz das Bundespatentgericht über den Löschungsantrag. Da es sich beim Löschungsverfahren um ein zweiseitiges Verfahren unter Beteiligung

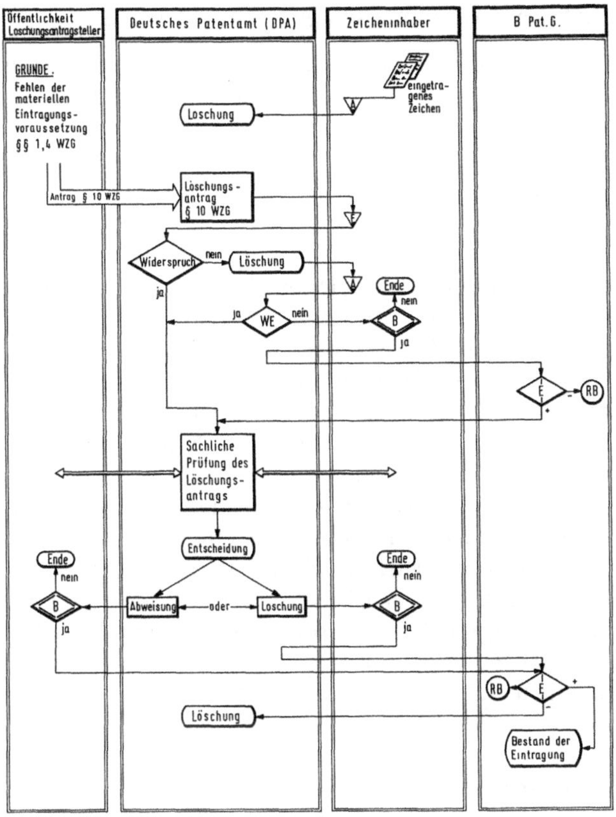

Bild 8. Ablauf des Löschungsverfahrens nach § 10 des Warenzeichengesetzes

zweier Parteien handelt, kann das Deutsche Patentamt in der Beschwerdeinstanz keine Abhilfemöglichkeit haben, sondern es muß auf jeden Fall das Bundespatentgericht eine Entscheidung treffen. Als Ergebnis der Entscheidung wird das Zeichen entweder durch das Deutsche Patentamt in der Zeichenrolle gelöscht oder die Eintragung wird bestätigt, indem der Löschungsantrag des Dritten abgewiesen wird.

Alternativ kann nach Maßgabe des Begehrens des Löschungsantragstellers auch der Warenzeichenschutz beschränkt werden, indem beispielsweise einige Waren des Warenverzeichnisses gestrichen werden. Der Verfahrensablauf ist identisch und nur das Begehren ist nicht auf vollständige Löschung, sondern auf Teillöschung gerichtet.

4.8.1.2 Zeichenrechtliche Löschungsklage nach § 11 WZG

Bei der zeichenrechtlichen Löschungsklage nach § 11 des Warenzeichengesetzes können nur vier Löschungsgründe geltend gemacht werden (*Bild 9*).

4.8.1.2.1 Löschungsgründe

Älteres Zeichenrecht

Ein Dritter kann die Löschung des Zeichens beantragen, wenn das Zeichen für ihn aufgrund einer früheren Anmeldung für gleiche oder gleichartige Waren in der Zeichenrolle *eingetragen* ist. Die Klagevoraussetzungen entsprechen weitgehend den Bestimmungen des Widerspruchsverfahrens und der Einlegung des Widerspruchs. Im Gegensatz zum Widerspruchsverfahren[1] muß das ältere Zeichen bereits in der Warenzeichenrolle eingetragen sein, eine frühere Zeichenanmeldung reicht also nicht zur Klageerhebung aus. Auch muß das angegriffene Zeichen ebenfalls eingetragen sein, eine Bekanntmachung des angegriffenen Zeichens reicht daher nicht aus. Allerdings kann die Klage auf Löschung eines Warenzeichens, das nach dem beschleunigten Verfahren eingetragen wurde, schon erhoben werden, selbst wenn die Eintragung noch nicht endgültig ist, weil das Widerspruchsverfahren beispielsweise noch nicht abgeschlossen ist.

Fehlender Geschäftsbetrieb

Bei dem Klagegrund „fehlender Geschäftsbetrieb" soll ein eingetragenes Zeichen gelöscht werden, weil entweder der ursprüngliche Geschäftsbetrieb des Inhabers des eingetragenen Zeichens nicht mehr fortgesetzt wird oder überhaupt nicht eröffnet worden ist.

Täuschungsgefahr

Entspricht das Zeichen nicht den tatsächlichen Verhältnissen und begründet es die Gefahr einer Täuschung, so ist auch dies ein Löschungsgrund. Im Vergleich zu den absoluten Eintragungshindernissen[2] hat dieser Löschungsgrund jedoch zwei wesentliche Unterschiede:
- die Täuschungsgefahr braucht nicht *ersichtlich* zu sein und
- es kommt nicht auf den Zeitpunkt der Eintragung, sondern auf den Zeitpunkt der Entscheidung an, z. B. der letzten mündlichen

1 Vgl. Abschnitt 4.7.2.2
2 Vgl. Abschnitt 4.4

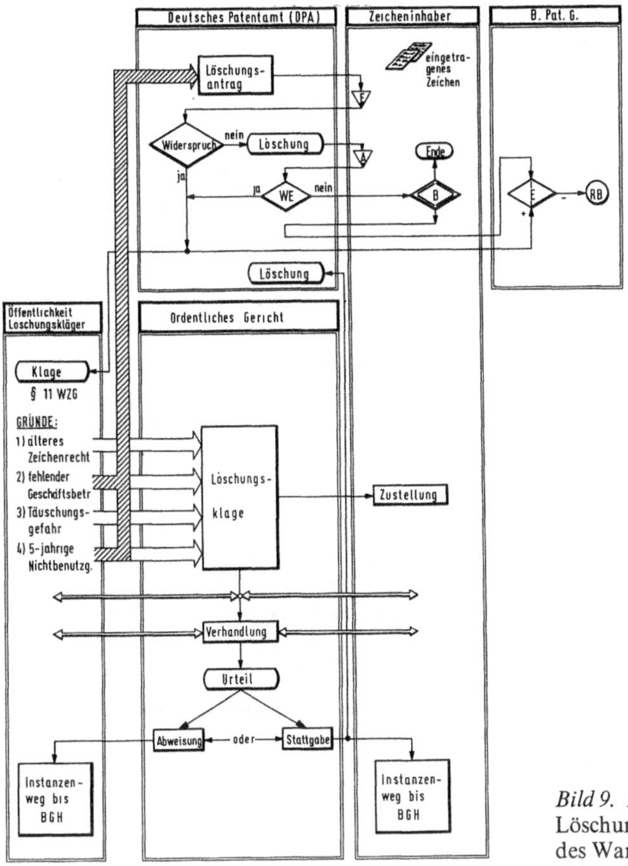

Bild 9. Ablauf der Löschungsklage nach § 11 des Warenzeichengesetzes

Verhandlung in der Löschungssache. Wenn nach Eintragung des Zeichens durch irgendwelche Umstände nachträglich eine Täuschungsgefahr begründet wird, ist das Zeichen zu löschen.

Fünfjährige Nichtbenutzung

Fünfjährige Nichtbenutzung als Löschungsgrund ist ähnlich wie der Nichtbenutzungseinwand im Widerspruchsverfahren gelagert. Als Unterschied kann aber der Zeicheninhaber bei Geltendmachung dieses Löschungsgrundes im Wege der Einrede zu seiner Verteidigung Umstände vorbringen, unter denen die Benutzung in diesem Zeitraum nicht zumutbar war.

Beim ersten Klagegrund (4.8.1.2.1) ist nur der Inhaber des älteren Zeichens zur Klageerhebung berechtigt, während bei allen anderen Klagegründen jedermann ohne Nachweis eines eigenen Interesses die Klage erheben kann.

4.8.1.2.2 Verfahrensablauf

Im *Bild 9* ist der Ablauf des Löschungsverfahrens nach § 11 WZG schematisch dargestellt. Nur bei den Klage- bzw. Löschungsgründen „Fehlender Geschäftsbetrieb“ und „Fünfjährige Nichtbenutzung“ kann das Klagebegehren an das Deutsche Patentamt in Form eines Löschungsantrags gerichtet werden. Geht ein solcher Löschungsantrag beim Deutschen Patentamt ein, so läuft eine Art Vorverfahren ab, bei dem der Zeicheninhaber über den Eingang des Löschungsantrags in Kenntnis gesetzt wird. Widerspricht dieser nicht innerhalb eines Monats, so wird das Zeichen von Amts wegen gelöscht. Bei Fristversäumnis ist eine Wiedereinsetzungsmöglichkeit gegeben. Widerspricht der Zeicheninhaber fristgemäß, so wird der Widerspruch der antragstellenden Partei mitgeteilt und dieser anheimgestellt, ihr Klagebegehren durch Klageerhebung vor einem ordentlichen Gericht weiterzuverfolgen.

In jedem Fall kann die Löschungsklage auch direkt beim ordentlichen Gericht erhoben werden. Nach Klageerhebung beim ordentlichen Gericht wird die Klageschrift des Klägers dem Beklagten, dem Zeicheninhaber, zugestellt. Nach Durchführung einer im Zivilprozeß stets erforderlichen mündlichen Verhandlung wird dann vom Gericht ein Urteil gefällt, mit dem die Klage entweder abgewiesen oder dieser stattgegeben wird. Beiden Klageparteien, dem Kläger und dem Beklagten, stehen gegen dieses Urteil Rechtsmittel zur Verfügung, mit denen sie ihre Ansprüche bis zum Bundesgerichtshof als letzter Instanz verfolgen können.

In Abhängigkeit von der endgültigen und rechtskräftigen Entscheidung wird das Zeichen vom Deutschen Patentamt in der Warenzeichenrolle gelöscht oder es bleibt eingetragen oder wird teilweise gelöscht.

4.9 Beispiele von Warenzeichen

In *Bild 10* und *11* sind Beispiele verschiedener Warenzeichen angegeben, wobei *Bild 10a* und *10b* eine vollständige Darstellung der eingetragenen Warenzeichen zeigen. Die übrigen Bilder weisen nur die eigentlichen Warenzeichen aus.

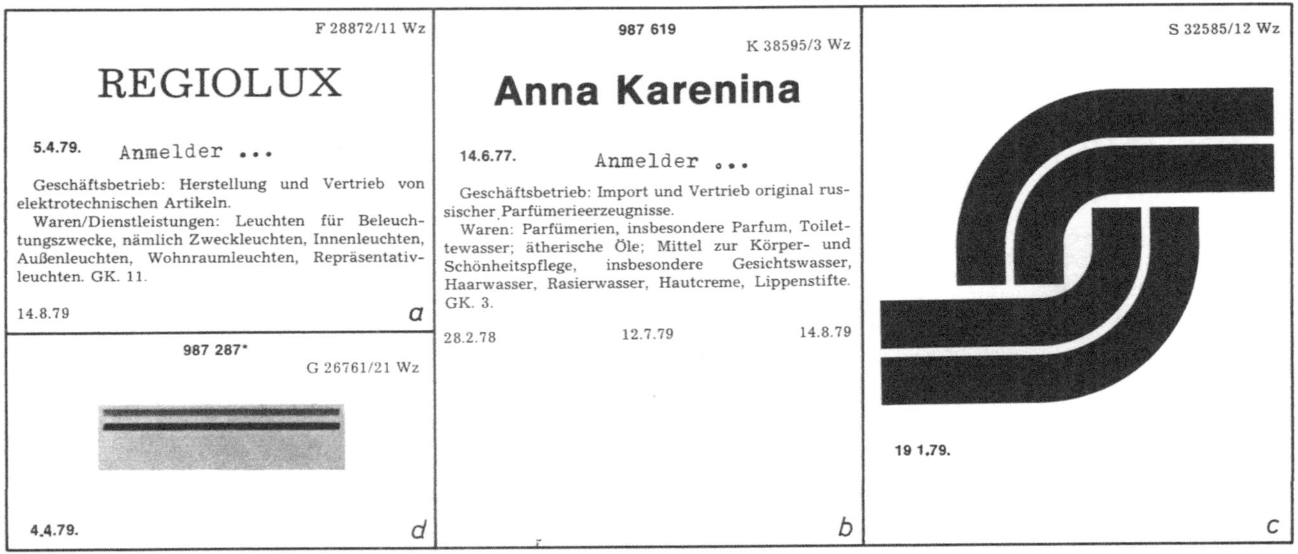

F 28872/11 Wz

REGIOLUX

5.4.79. Anmelder ...

Geschäftsbetrieb: Herstellung und Vertrieb von elektrotechnischen Artikeln.

Waren/Dienstleistungen: Leuchten für Beleuchtungszwecke, nämlich Zweckleuchten, Innenleuchten, Außenleuchten, Wohnraumleuchten, Repräsentativleuchten. GK. 11.

14.8.79 *a*

987 287*

G 26761/21 Wz

4.4.79. *d*

987 619

K 38595/3 Wz

Anna Karenina

14.6.77. Anmelder ...

Geschäftsbetrieb: Import und Vertrieb original russischer Parfümerieerzeugnisse.

Waren: Parfümerien, insbesondere Parfum, Toilettewasser; ätherische Öle; Mittel zur Körper- und Schönheitspflege, insbesondere Gesichtswasser, Haarwasser, Rasierwasser, Hautcreme, Lippenstifte. GK. 3.

28.2.78 12.7.79 14.8.79 *b*

S 32585/12 Wz

19 1.79. *c*

Bild 10a–d. Bekanntgemachte und eingetragene Warenzeichen im Warenzeichenblatt I bzw. II. *a* Einwortzeichen, *b* Mehrwortzeichen, *c* Bildzeichen, *d* farbiges Bildzeichen (Schnelleintragung nach § 6a WZG). Die bei den einzelnen Eintragungen aufgeführten Angaben haben nachstehende Bedeutung: links oben: Leitklasse; oben Mitte: Rollennummer (Zeichen, die nach § 6a WZG eingetragen sind, sind durch einen Stern hinter der Rollennummer gekennzeichnet); oben rechts: Aktenzeichen. Unter dem Warenzeichen: Datum (halbfett): Anmeldetag; hinter dem Anmeldetag: Datum der Priorität, Code des Verbandslandes, Name des Verbandslandes und Aktenzeichen der Voranmeldung (bei Inanspruchnahme einer Unionspriorität oder Teilpriorität); unten links: Tag der Bekanntmachung; unten Mitte: Tag der Eintragung; unten rechts: Tag der Veröffentlichung der Eintragung

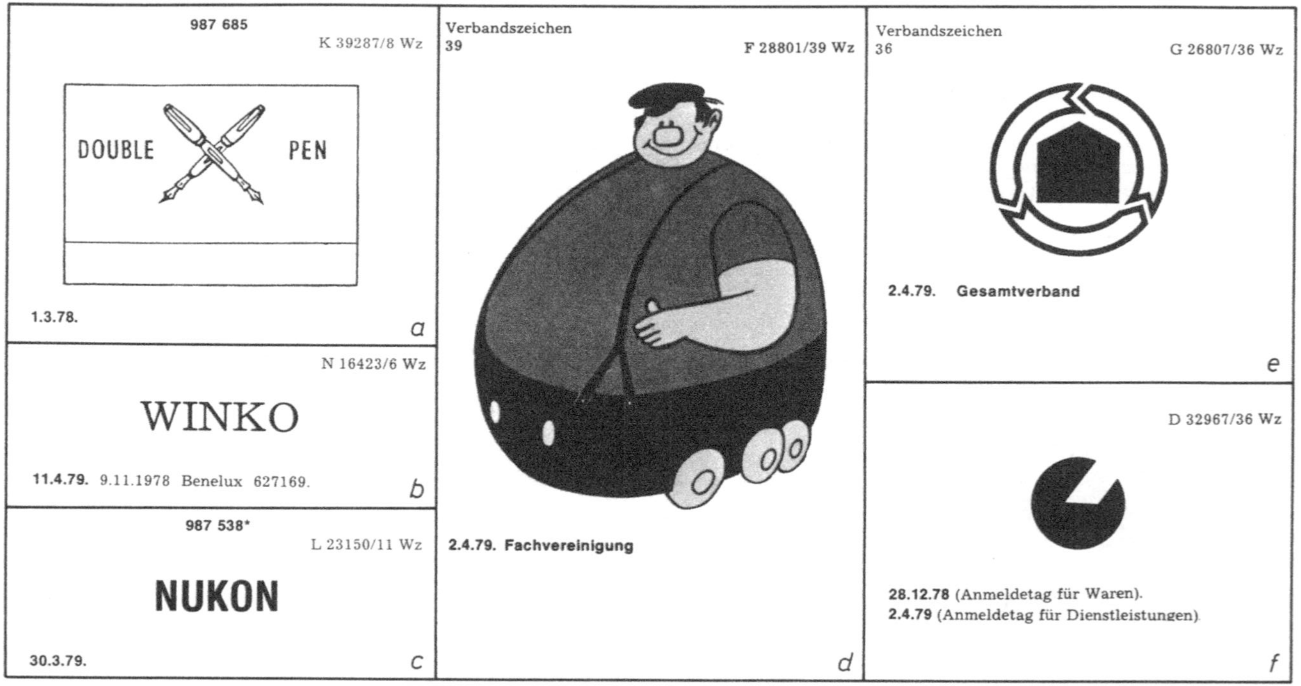

Bild 11 a–f. Bekanntgemachte und eingetragene Warenzeichen im Warenzeichenblatt I bzw. II. *a* kombiniertes Wort-Bild-Zeichen, *b* Wortzeichen mit Prioritätsbeanspruchung, *c* Wortzeichen (Schnelleintragung nach § 6 a WZG), *d* farbiges Verbandszeichen mit Zeichensatzung (Dienstleistungsmarke), *e* Dienstleistungsmarke als Verbandszeichen in Form eines Bildzeichens, *f* Kennzeichnung als Kombination von Warenzeichen und Dienstleistungsmarke mit verschiedenem Anmeldetag für Waren und Dienstleistungen

5 Geschmacksmuster

Als weiteres nichttechnisches Schutzrecht ist das Geschmacksmuster anzusehen. Nach dem Geschmacksmustergesetz (GeschmMG) werden im Gegensatz zum Patent- und Gebrauchsmusterrecht nicht auf dem Gebiet der Technik liegende, sondern auf dem Gebiet der Ästhetik liegende Leistungen geschützt. Diese Zielsetzung ist in gewisser Weise dem Urheberrecht ähnlich. Das Geschmacksmusterrecht will jedoch nicht das künstlerische, sondern das gewerbliche Schaffen fördern, so daß das Geschmacksmuster die gewerbliche Verwertbarkeit als Schutzvoraussetzung hat. Das Geschmacksmustergesetz schützt Leistungsergebnisse *ästhetischer* Schöpfungen, die *gewerblich* verwertbar sind und den Farben- oder Formensinn des Menschen durch eine Flächen- oder Raumform ansprechen.

Ursächlich für das Geschmacksmuster ist der Formgedanke des Schöpfers. Dieser Formgedanke wird aber erst geschützt, wenn er von dem Musterurheber in einer Ausführungsform faßbar dokumentiert worden ist, die flächenhaft oder plastisch sein kann. Diese Ausführungsform muß modellfähig sein, so daß sie als Vorbild für die Herstellung gewerblicher Erzeugnisse dienen kann und eine Wiederholbarkeit gewährleistet. Gerade durch die Wiederholbarkeit besteht die Gefahr, daß beliebige Dritte diese Ausführungsform des Formgedankens nachahmen.

Das Geschmacksmustergesetz will den Musterurheber gegen derartige Nachahmungen und Nachbildungen schützen.

Dem Musterurheber ist nur die gewerbliche Ausführung und Verwertung seines Musters vorbehalten, da die Ausführungsform des Musters zugleich die Mitteilungsform darstellt. Vom Schutzumfang eines Geschmacksmusters werden daher solche Mitteilungsformen nicht erfaßt, die nicht zugleich eine Ausführung des Musters enthalten, wie zum Beispiel Filmvorführungen oder Fernsehsendungen. Auch bei der körperlichen Wiedergabe des Musters ist ein allgemeiner Gebrauch desselben zugelassen und nur die wirtschaftliche Verwertung verboten.

Ein Muster wird durch Erzeugnisse gewerblich verwertet, die der niedergelegten Ausführungsform entsprechen. Auf diese Erzeugnisse erstreckt sich insbesondere der Geschmacksmusterschutz.

Das Geschmacksmustergesetz schützt ästhetisch wirkende gewerbliche Muster und Modelle, die neu und eigentümlich sind, z. B. Tapetenmuster, Kleiderschnitte, Bestecke, Türgriffe, Porzellan- und Keramikwaren. Ein Muster hat eine Flächenform und das Modell eine Raumform. Häufig wird der Begriff des Musters auch als Kurzbezeichnung für Geschmacksmuster verwendet.

5.1 Materielle Schutzvoraussetzungen

Zur näheren Bestimmung der nach dem Geschmacksmustergesetz schützbaren Gegenstände müssen die folgenden materiellen Schutzvoraussetzungen erfüllt sein.

5.1.1 Äußere Formgebung

Der Gegenstand muß eine bestimmte äußere Form haben, die als Fläche oder als Raumgebilde erkennbar und faßbar ist. Bei Flächengebilden ist eine bestimmte Umgrenzung und Linienführung nicht nötig. Demnach sind auch Farbkombinationen, linienlose Kolorierungen, fließende Farbtönungen, ja sogar einfarbige Muster und besondere Licht- und Glanzwirkungen von Stoffen schutzfähig. Dagegen sind Verfahren wie das Herstellungsverfahren für künstliche Blumen, Anweisungen, nach denen bestimmte Gegenstände (z. B. Möbel) anzuordnen sind, und das Auffinden neuer Naturformen, dem Gebrauchsmusterschutz nicht zugänglich.

5.1.2 Modellfähigkeit

Ein Gegenstand ist modellfähig und als Vorbild für die Herstellung gewerblicher Erzeugnisse geeignet, wenn er fertig, ausführbar und wiederholbar ist. Somit reicht auch ein ausgearbeiteter Entwurf aus, der noch nicht als Original fertiggestellt ist. Auch setzt die Modellfähigkeit nicht eine tatsächliche Ausführung des Gegenstandes voraus, insbesondere keine industrielle Fertigung desselben. So können nach dem Geschmacksmustergesetz auch Vorratsmuster, z. B. Modellkleider, unter Schutz gestellt werden.

5.1.3 Bestimmtheit des Formgedankens

Allgemeinen Formelementen, Ideen und Motiven wie charakteristische Merkmale eines neuen Stils oder einer neuen Mode, fehlt es an der Bestimmtheit des Formgedankens. Nur die konkrete Anwendungsform, z. B. ein bestimmtes Modellkleid oder ein bestimmtes Besteckmuster, erfüllen die Schutzvoraussetzungen der Bestimmtheit.

5.1.4 Gewerbliche Verwertbarkeit

Wie bei den technischen Schutzrechten reicht für die gewerbliche Verwertbarkeit die Möglichkeit einer gewerblichen Verwertung aus und es muß keine tatsächliche Verwertung nachgewiesen werden.

5.1.5 Ästhetischer Gehalt

Nach dem Gesetz werden eine gewerbliche Brauchbarkeit und Nützlichkeit verlangt, jedoch wird nur der ästhetische Gehalt geschützt und nicht die durch den Gebrauchszweck bedingte Gestaltung. Das Gebrauchsmusterrecht hingegen befaßt sich mit der Gestaltung, die mit dem Gebrauchszweck verbunden ist, und nicht mit dem ästhetischen Gehalt derselben. Hierin ist der Hauptunterschied von Geschmacksmuster und Gebrauchsmuster zu sehen.

Der ästhetische Gehalt des Musters muß erkennbar bzw. anschaulich sein, er wirkt über das Auge auf den Formen- und Farbensinn des Menschen. Die wörtliche Beschreibung einer Formvorstellung oder die Wirkung eines Stoffes auf den Geruchs-, Tast- oder den Geschmackssinn sprechen nicht über das Auge an. Auch die Verwendung von Farben als Einteilungs- und Registriermittel regen nur in zweiter Linie durch die Farbe das Auge an, während hauptsächlich der Zweck verfolgt wird, die Verstandestätigkeit des Menschen anzuregen. Derartige Leistungen sind dem Geschmacksmustergesetz nicht zugänglich.

Der ästhetische Wert des Musters spielt eine untergeordnete Rolle, da das Muster nur fähig sein muß, den Schönheitssinn anzusprechen und nicht das Empfinden.

5.1.6 Neuheit

Nach dem Geschmacksmustergesetz sind nur neue Muster oder Modelle schutzfähig. Ein Muster ist als neu anzusehen, wenn es zum Zeitpunkt der Anmeldung den inländischen Fachkreisen weder bekannt war, noch bei zumutbarer Beachtung einschlägiger Gestaltungen bekannt sein konnte.

Maßgebender Zeitpunkt für die Neuheit ist der Anmeldetag. Das Geschmacksmustergesetz kennt im Gegensatz zu den technischen Schutzrechten keine Neuheitsschonfrist zugunsten von vorbereitenden Maßnahmen des Erfinders. Ein nach dem Muster gefertigtes Erzeugnis darf weder vom Anmelder noch von einem Dritten vor der Anmeldung verbreitet werden, wenn eine neuheitsschädliche Vorwegnahme vermieden werden soll.

Nach dem Geschmacksmustergesetz sind auch Prioritätsbeanspruchungen zulässig, so daß Veröffentlichungen und Benutzungshandlungen innerhalb der Prioritätsfrist nicht neuheitsschädlich sind. Die Prioritätsfrist beträgt beim Geschmacksmuster sechs Monate.

5.1.7 Eigentümlichkeit des geschaffenen Musters

Die Eigentümlichkeit des Musters ist eine ähnliche Voraussetzung wie die erfinderische Tätigkeit bei den technischen Schutzrechten. Die vom Musterurheber geschaffene Gestaltung muß objektiv eigenartig sein, so daß sie sich ausreichend von den allgemein vorhandenen Gestaltungen unterscheidet.

Im Grad der Eigentümlichkeit der Gestaltung liegt der Unterschied zu einem Kunstwerk. Während ein Kunstwerk die Ausdrucksform des individuellen Geistes des Künstlers ist, genügt es beim Geschmacksmuster, eine Ausdrucksform gefunden zu haben, die den allgemeinen Geschmack trifft. So wird der Musterurheber bestrebt sein, seinen Formgedanken so zu fassen, daß er zur Verwertung seines Formgedankens eine möglichst große Anzahl Menschen anspricht.

5.2 Formale Schutzvoraussetzungen

Neben den vorstehend beschriebenen materiellen Schutzvoraussetzungen müssen auch noch Formalitäten, die Anmeldung und Hinterlegung, erfüllt werden, da erst mit der Anmeldung und der Hinterlegung des Musters das Schutzrecht mit seinen Schutzwirkungen entsteht.

5.2.1 Anmeldung

Zur Anmeldung berechtigt ist nur der Musterurheber, der durch seine individuelle Leistung das Muster in seiner ästhetischen Eigenart geschaffen hat. Werden in einem Unternehmen im Auftrag oder gegen Rechnung Muster von Angestellten erstellt, so bestimmt das Geschmacksmustergesetz, daß der Unternehmer als Urheber gilt und zur Anmeldung allein berechtigt ist.

Die Anmeldung kann schriftlich geschehen oder mündlich vor der Registerbehörde zu Protokoll gegeben werden. Die Anmeldung muß die Angaben zur Person des Anmelders und das Eintragungsbegehren auf ein Muster enthalten. Ferner muß aus den Anmeldeunterlagen entnehmbar sein, ob das Muster für Flächenerzeugnisse oder für plastische Erzeugnisse bestimmt ist.

Wenn ein Muster sowohl mit seiner flächenhaften Wirkung als auch mit seiner plastischen oder räumlichen Wirkung, z. B. Spiegelfläche mit Verzierungen und Ornamenten, geschützt werden soll, müssen zwei gesonderte Anmeldungen getätigt werden.

5.2.2 Hinterlegung

Anstelle einer Beschreibung des unter Schutz zu stellenden Gegenstandes ist mit der Anmeldung ein Exemplar des Musters oder eine Abbildung desselben bei der Registerbehörde zu hinterlegen. Dieses hinterlegte Muster ist für die Beurteilung der Schutzfähigkeit maßgebend.

Das Muster kann offen, d. h. unversiegelt, hinterlegt werden, so daß die Allgemeinheit die Möglichkeit hat, den Schutzgegenstand bei der Registerbehörde einzusehen. Es ist aber auch möglich, das Muster versiegelt zu hinterlegen. Der Schutzgegenstand bleibt dann zunächst geheim und erst drei Jahre nach der Anmeldung kann das Muster von der Allgemeinheit eingesehen werden, nachdem die Registerbehörde das hinterlegte Muster geöffnet hat. Durch eine versiegelte Hinterlegung hat der Anmelder den Vorteil der Geheimhaltung des Musters bis zum Beginn der Verbreitung von Erzeugnissen, die nach dem Muster hergestellt wurden. Diese Geheimhaltung ist insbesondere für Anmelder von Interesse, die auf dem Gebiet der Mode tätig sind. Bei der versiegelten Hinterlegung muß der Anmelder aber den Nachteil in Kauf nehmen, daß die geheime Hinterlegung für eine identische Nachanmeldung nicht neuheitsschädlich ist. Somit kann auch ein nachfolgender Anmelder, der selbständig ein identisches Muster geschaffen hat, ebenfalls ein Geschmacksmuster erlangen.

5.3 Eintragung

Das Muster wird nach seiner Anmeldung und Hinterlegung von der Registerbehörde in das Musterregister eingetragen. Die Eintragung ist nur deklaratorisch, da das Schutzrecht mit seiner Schutzwirkung bereits nach einer formellen ordnungsgemäßen Anmeldung und Hinterlegung entstanden ist. Die Eintragung stellt somit keine hoheitliche Handlung, sondern nur eine Kundmachung des geschützten Geschmacksmusters dar, um der Allgemeinheit die Möglichkeit zu geben, vom Geschmacksmuster Kenntnis zu nehmen. Zusätzlich zu der Eintragung wird das Geschmacksmuster im Bundesanzeiger veröffentlicht.

6 Schutzwirkung

Nach der Rechtssystematik erlangt der Anmelder oder der Schutzrechtsinhaber ein Vermögensrecht an dem handelsfähigen und selbständig geschaffenen Gut. Das gewerbliche Schutzrecht stellt somit ein *Immaterialgüterrecht* dar. Das gewerbliche Schutzrecht wirkt gegen alle und schafft eine sogenannte absolute Rechtsposition, die für den Rechtsinhaber eine *positive* und eine *negative* Zielsetzung enthält.

Nach der *positiven* Zielsetzung der absoluten Rechtsposition wird dem Schutzrechtsinhaber eingeräumt, den Schutzgegenstand ausschließlich durch Benutzung zu verwerten. Die *negative* Zielsetzung gibt dem Schutzrechtsinhaber ein Verbietungsrecht, mit dem unbefugte Benutzungen des Schutzgegenstands durch andere abgewehrt und untersagt werden können. Maßgebend für die Rechtsposition des Schutzrechtsinhabers ist der Schutzgegenstand und sein Schutzumfang. Je umfassender der Schutzumfang ist, desto unanfechtbarer ist die Rechtsposition des Schutzrechtsinhabers.

Die Schutzwirkung der technischen Schutzrechte, von Patent und Gebrauchsmuster, wird in den folgenden Abschnitten abgehandelt. Besonderheiten bei den nichttechnischen Schutzrechten, Warenbezeichnung und Gebrauchsmuster sind im Abschnitt 6.2 beschrieben.

6.1 Technische Schutzrechte

Beim *Patent* baut sich der Schutz stufenweise auf. Mit der Offenlegung erhält der Schutzrechtsinhaber einen einstweiligen Schutz, der auf einen Entschädigungsanspruch gestützt ist. Unmittelbar mit der Bekanntmachung beginnt die vorläufige Schutzwirkung mit der absoluten Rechtsposition unter der Bedingung, daß die Anmeldung zur Patenterteilung führt. Mit der Patenterteilung ist diese absolute Rechtsposition endgültig.

Beim *Gebrauchsmuster* hingegen tritt die umfassende Schutzwirkung unmittelbar mit der Eintragung, jedoch unter dem Vorbehalt ein, daß das eingetragene Gebrauchsmuster einer *materiellen Prüfung* standhält und somit rechtsbeständig ist.

6.1.1 Benutzungshandlungen

Mit der Entstehung des Schutzrechts ist dem Schutzrechtsinhaber als *positive* Zielsetzung die Benutzung des Schutzgegenstandes durch das Herstellen, Anbieten zum Verkauf, Veräußern sowie zum An- und Verwenden vorbehalten.

6.1.2 Schutzumfang

Die Wirkung des Schutzrechts und hierdurch auch seine wirtschaftliche Bedeutung stehen in unmittelbarem Zusammenhang mit den *Unterlagen* des Schutzrechts insgesamt. Da für den Schutzumfang diese Unterlagen maßgebend sind, ist es schon im Vorfeld der Anmeldung (also bei Abfassen der Anmeldeunterlagen) wichtig, durch entsprechende Formulierung des Anspruchsbegehrens Nachteile zu vermeiden, durch die der spätere Schutzumfang des Schutzrechts unnötig eingeengt und beschränkt werden könnte. In Abhängigkeit von dem Schutzumfang des Schutzrechts kann sich das Verbietungsrecht als negativer Inhalt des absoluten Rechts des Schutzrechtsinhabers bis zu einer umfassenden Sperrwirkung steigern.

Der Schutzumfang erstreckt sich auf drei Schutzbereiche:

- unmittelbarer Gegenstand des Schutzrechts,
- Gegenstand des Schutzrechts und
- allgemeiner Erfindungsgedanke.

Die Ausdehnung der zuvor genannten Schutzbereiche eines Schutzrechts ist projiziert auf den Stand der Technik im *Bild 12* dargestellt. Durch die Erfindung wird der Stand der Technik, d. h. die Gesamtheit alles bis zum Anmeldezeitpunkt oder Prioritätszeit-

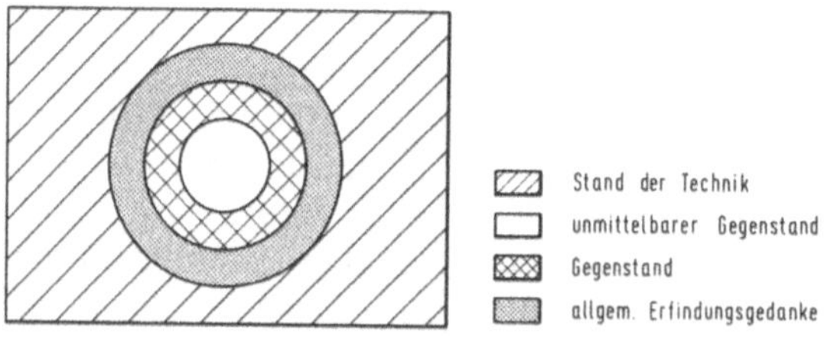

Bild 12. Darstellung des Schutzumfangs

punkt Bekannten, um den Schutzgegenstand *bereichert.* Vorrangig basiert der Schutzbereich des Schutzgegenstands auf den Ansprüchen (Patentansprüche beim Patent; Schutzansprüche beim Gebrauchsmuster). Zur Auslegung des Schutzumfangs können auch die Beschreibung und die Zeichnung herangezogen werden. Der *unmittelbare* Gegenstand des Schutzrechts begrenzt die geringste Schutzausdehnung, bei der nur ausschließlich der reine Wortlaut der Ansprüche berücksichtigt wird. Der *Gegenstand* des Schutzrechts als weiterer *größerer* Schutzbereich umfaßt die technische Lehre, die der Durchschnittsfachmann aufgrund seines allgemeinen Fachwissens am Prioritätstag bei sinngemäßer Auslegung der durch Beschreibung und Zeichnung erläuterten Ansprüche ohne besondere Überlegungen aus den Unterlagen entnehmen kann. Hierdurch werden zusätzlich zu dem Wortlaut der Ansprüche auch alle gleichwirkenden (gleichwertigen) Mittel zu den Merkmalen der Ansprüche erfaßt.

Der allgemeine Erfindungsgedanke hat den weitesten Schutzumfang und deckt den Raum ab, der zwischen dem Stand der Technik und der durch das Schutzrecht vermittelten Lehre vorhanden ist. Durch Auslegung der gesamten Schutzrechtsunterlagen wird hierbei der der Erfindung zugrundeliegende Gedanke geschützt.

6.2 Nichttechnische Schutzrechte

Das Zeichenrecht entsteht mit der Eintragung in die Warenzeichenrolle. Die Ausstattung als Schutzrecht hingegen beginnt direkt, wenn die Kennzeichnung Verkehrsgeltung erlangt hat.

Das Geschmacksmusterrecht äußert seine absolute Rechtswirkung schon unmittelbar mit der Anmeldung und Hinterlegung, während die Eintragung nur formalen Ordnungscharakter hat.

6.2.1 Benutzungshandlungen

Beim *Warenzeichen* erstreckt sich das ausschließliche Benutzungsrecht als positive Zielsetzung auf den *zeichenmäßigen Gebrauch* der Kennzeichnung, mit der diese einem bestimmten Gegenstand, der Ware, zugeordnet ist. Ein von der Ware gelöster und nicht zur Warenkennzeichnung dienender Gebrauch ist uneingeschränkt durch das Zeichenrecht für alle gestattet. Der Zeicheninhaber ist ausschließlich befugt, die angemeldeten Waren, ihre Verpackung oder Umhüllung mit dem Zeichen zu versehen, diese Waren zu veräußern, zu verkaufen, zu vermieten, auszustellen und auf Ankündigungen, z. B. auf Preislisten und Geschäftsbriefen, das Zeichen anzubringen.

Der Inhaber eines *Geschmacksmusters* ist ausschließlich befugt, das Muster nachzubilden und zu verbreiten. Bei der Nachbildung werden Exemplare des geschützten Musters hergestellt, wobei das Muster als Vorbild oder Vorlage dient. Die Nachbildung muß gleichzeitig mit der Absicht verbunden sein, die hergestellten Exemplare zu verbreiten, so daß die Nachbildung für persönliche oder eigennützige Zwecke jederzeit ungehindert verwendet werden kann.

6.2.2 Schutzumfang

Bei *Warenbezeichnungen* erstreckt sich der Schutzumfang nicht nur auf identische, sondern auch auf verwechselbar ähnliche Bezeichnungen. Der Schutzbereich ist von der Zeichenwirkung als Inhalt der Kennzeichnung und der Benutzung unmittelbar abhängig. Der Schutzumfang und seine Ausdehnung richten sich nach den Grundsätzen, die in Zusammenhang mit den relativen Eintragungshindernissen insbesondere im Hinblick auf die Zeichenübereinstimmung, Warengleichartigkeit[1] und Verwechslungsgefahr[2] angegeben sind.

Der *Geschmacksmusterschutz* erfaßt nicht nur identisch übereinstimmende Nachbildungen, sondern auch Nachbildungen von Teilen des Musters in abgeänderter Form. Maßgebend für den Schutzumfang ist der Formgedanke als Inhalt des Musters, mit seiner charakteristischen Wirkung auf den Farben- und Formensinn des Menschen. Entscheidend ist auch die Musterform.

Bei einem plastischen Erzeugnis liegt nur die körperliche, bei einem Flächenmuster nur die zweidimensionale Nachbildung im Schutzbereich des Geschmacksmusterrechts. Die Dimensionsvertauschung ist frei nachbildbar: eine als plastisches Erzeugnis geschützte Vasenform kann unbehindert als Teppichmuster in Form eines Flächengebildes oder ein als Flächengebilde geschütztes Teppichmuster in Form eines plastischen Erzeugnisses, einer reliefartigen Deckenverzierung, selbst identisch nachgebildet werden.

---

1 Vgl. Abschnitt 4.5.1
2 Vgl. Abschnitt 4.5.2

7 Verwertung

In diesem Abschnitt stehen vor allem die technischen Schutzrechte im Vordergrund.

Die Verwertung als positiver Inhalt des absoluten Rechts erstreckt sich von der Herstellung des Schutzgegenstands über seinen Weg zum Markt bis zum Endverbraucher. Über die Art und Form der Verwertung des Schutzrechts kann der Schutzrechtsinhaber frei verfügen. Neben der Verwertung im eigenen Betrieb des Schutzrechtsinhabers kommt insbesondere auch eine Verwertung durch Übertragung an andere in Betracht. Der Rechtsübergang wird als *Lizenzierung* bezeichnet. Entsprechend dem Umfang der Übertragung auf einen Dritten durch die erteilte Lizenz unterscheidet man verschiedene Lizenzformen.

7.1 Ausschließliche Lizenz

Dem Lizenznehmer wird neben der Befugnis, den Schutzgegenstand zu benutzen, auch das Verbietungsrecht übertragen, so daß der Lizenznehmer berechtigt ist, Dritten die Benutzung des Schutzgegenstands zu verbieten.

7.2 Einfache Lizenz

Der Lizenznehmer erhält von dem Schutzrechtsinhaber lediglich das Recht, den Schutzgegenstand nach Maßgabe irgendeiner der Benutzungshandlungen (Herstellen, zum Verkauf anbieten, Verkaufen und Benutzen) zu verwerten.

7.3 Beschränkte einfache Lizenz

Die beschränkte einfache Lizenz wird unterteilt in:

– *Gebietslizenz.* Durch sie erhält der Lizenznehmer ein auf ein bestimmtes Gebiet, z. B. auf ein Bundesland, beschränktes Nutzungsrecht. Der Lizenznehmer darf nur innerhalb des vom Lizenzgeber umrissenen Bereichs den Schutzgegenstand verwerten.

- *Zeitlizenz.* Der Lizenznehmer darf nur innerhalb eines vorgegebenen Zeitraums der Schutzdauer das Schutzrecht benutzen.
- *Betriebslizenz und persönliche Lizenz.* Hierdurch wird die Benutzung des Schutzgegenstands auf einen Betrieb bzw. ein Unternehmen oder eine bestimmte Person beschränkt und unmittelbar daran gekoppelt.
- *Herstellungs-, Verkaufs-, Vertriebs- und Gebrauchslizenz.* Hierdurch kann die Verwertung durch einen Lizenznehmer auf eine oder mehrere Benutzungsarten begrenzt werden. Dem Lizenznehmer kann selbst für den Umfang der Benutzungshandlungen eine Beschränkung auferlegt werden, indem er die Benutzungshandlung nur in beschränktem Umfang vornehmen darf, was als *Quotenlizenz* bezeichnet wird.

7.4 Lizenzvertrag

Die Verfügung über das Schutzrecht bildet den Gegenstand eines Lizenzvertrags, der zwischen Schutzrechtsinhaber und Lizenznehmer geschlossen wird. Da die Verwertung eines Schutzrechts durch Lizenzierung sehr vielschichtige Problemkreise enthält, bei denen neben dem Vertragsrecht als solchem auch kartellrechtliche Bestimmungen zu berücksichtigen sind, lassen sich weitergehende detaillierte Angaben nur in Verbindung mit einem praktischen Sachverhalt machen.

Die Verwertungsmöglichkeiten und -arten sowie der Rechtsübergang sind bei den nichttechnischen Schutzrechten ähnlich.

Die Zweckbestimmung der Kennzeichnung beim Warenzeichenrecht, als Hinweis auf einen *bestimmten* Geschäftsbetrieb zu wirken, ist bei der Übertragung des Zeichenrechts zu beachten. Bei der Übertragung des Zeichenrechts muß auch der Geschäftsbetrieb oder wenigstens der zum Zeichen gehörende Betriebsteil gleichzeitig mit auf den Rechtsnachfolger übergehen. Eine Leerübertragung, d. h. eine Übertragung des Zeichenrechts ohne diese Verbindung mit dem Geschäftsbetrieb, ist unwirksam und nichtig. Hierdurch soll der Verkehr vor Täuschungen über die Herkunft der Ware geschützt und ein Handel mit Warenzeichen verhindert werden. Das Zeichenrecht einschließlich des Geschäftsbetriebs ist unteilbar. Eine räumliche Aufspaltung des Warenzeichenrechts wie bei der Gebietslizenz (vgl. Abschnitt 7.3) als Form einer beschränkten einfachen Lizenz ist daher unmöglich.

Ähnlich wie die technischen Schutzrechte kann das *Geschmacksmusterrecht* beschränkt oder unbeschränkt übertragen werden.

Eine weitere Rechtsübertragungsform ist die Vererbung. Alle Schutzrechte, technische und nichttechnische, können durch Vererbung auf den Rechtsnachfolger übergehen.

8 Rechtsverfolgung

Wird rechtswidrig, d. h. ohne Zustimmung des Schutzrechtsinhabers, eine der Benutzungshandlungen vorgenommen, so spricht man von einer Schutzrechtsverletzung. Rechtsstreitigkeiten über die Verletzung eines Schutzrechts werden als Verletzungsprozeß bezeichnet.

8.1 Verletzungsklage

Zivilrechtlich kann der Schutzrechtsinhaber zur Wahrung seines Rechts eine Verletzungsklage beim zuständigen Landgericht erheben. Vorab sind jedoch die Rechtsverhältnisse zu klären. Hierbei sind die Schutzfähigkeit des geltend zu machenden Rechts, die Verletzung des Schutzrechts, die Anspruchsgrundlagen für den Rechtsinhaber aus der Schutzrechtsverletzung und die Einwendungen des Verletzers gegenüber diesen Ansprüchen zu berücksichtigen. Schließlich richtet sich der Verletzungsprozeß auch nach den prozessualen Bestimmungen, die teilweise in Abhängigkeit von der Schutzrechtsart verschieden sein können.

Die Verletzungsklage kann auf Unterlassung und Schadensersatz oder Beseitigung und ungerechtfertigte Bereicherung als Hauptanspruchsgrundlagen nach dem Bürgerlichen Gesetzbuch (BGB) gestützt werden. Vor dem ausschließlich zuständigen Landgericht besteht für die streitenden Parteien Vertretungszwang durch einen dort zugelassenen Rechtsanwalt. Aus diesem Grund sollten auftretende Fragen, die im Zusammenhang mit einer Verletzungsklage stehen, schon vor Klageerhebung in ausreichendem Umfang mit dem zu bevollmächtigenden Rechtsanwalt unter Zuziehung eines Patentanwalts besprochen und geklärt werden.

Gegen die Entscheidung des zuständigen Landgerichts in erster Instanz kann beim Oberlandesgericht Berufung eingelegt werden. Als dritte und *letzte* Instanz bei der Verletzungsklage ist das Rechtsmittel der *Revision* vor dem Bundesgerichtshof gegeben.

Bei einer Gebrauchsmusterverletzung kann die Streitigkeit in Abhängigkeit von dem Streitwert auch erstinstanzlich vor dem Amtsgericht ausgetragen werden.

8.2 Einstweilige Verfügung

Der Schutzrechtsinhaber kann zur Rechtsverfolgung auch eine *einstweilige Verfügung* beim zuständigen Gericht beantragen, mit der dem Verletzer mit sofortiger Wirkung durch gerichtlichen Beschluß die Zuwiderhandlung untersagt wird. Innerhalb eines bestimmten Zeitraums ist der Schutzrechtsinhaber verpflichtet, Verletzungsklage gegen den Verletzer zu erheben, da das einstweilige Verfügungsverfahren ein zeitlich schnell ablaufendes Vorverfahren bei Patentstreitsachen ist. Da an die Beweispflicht des Antragstellers bei einer einstweiligen Verfügung hohe Anforderungen gestellt werden, wird einstweiligen Verfügungen nur selten von den Gerichten stattgegeben. Auch ist das Risiko bei dieser Art der Rechtsverfolgung für den Schutzrechtsinhaber sehr groß, da er dem Antragsgegner in *vollem* Umfang schadenersatzpflichtig wird, wenn die einstweilige Verfügung zu Unrecht ergangen ist.

8.3 Strafrechtliche Verfolgung

Bei *vorsätzlichem* rechtswidrigem Eingriff in das Schutzrecht wird strafrechtlich ein Straftatbestand erfüllt. Nach Maßgabe des Strafgesetzbuchs kann der Verletzer mit einer Haftstrafe oder Geldbuße bestraft werden. Von dieser Möglichkeit der Rechtsverfolgung wird nur selten Gebrauch gemacht.

9 Arbeitnehmer-Erfindergesetz

Das Arbeitnehmer-Erfindergesetz (ArbEG) ist in Zusammenhang mit den technischen Schutzrechten sowie mit Patent und Gebrauchsmuster von Bedeutung. Im Arbeitnehmer-Erfindergesetz wird das Recht auf eine *technische Neuerung* im Interessenwiderstreit von Arbeitgeber und Arbeitnehmer im privaten und öffentlichen Dienst, von Beamten und Soldaten geregelt. *Patent-* oder *gebrauchsmusterfähige* technische Neuerungen werden als *Erfindungen* und alle übrigen als *technische Verbesserungsvorschläge* qualifiziert. Für die Behandlung und Vergütung technischer Verbesserungsvorschläge ist das innerbetrieblich geregelte Vorschlagswesen mit seinen eingerichteten Stellen zuständig.

9.1 Auseinandersetzung von Arbeitnehmer und Arbeitgeber

Bei der Erfindung im Sinne des Arbeitnehmer-Erfindergesetzes hingegen findet eine unmittelbare Auseinandersetzung von Arbeitnehmer und Arbeitgeber statt.

Im *Bild 13* sind schematisch die von Arbeitnehmer- und Arbeitgeberseite zu berücksichtigenden wesentlichen Gesichtspunkte dargestellt. Nach der Schöpfung der technischen Neuerung ist demnach zu prüfen, ob die Neuerung patent- oder gebrauchsmusterfähig ist oder nicht. Bei dieser Generalklausel steht die allgemeine Schutzfähigkeit im Vordergrund, wie sie sich nach Maßgabe der in den Abschnitten 2.1 und 3.1 vorgenommenen Gegenüberstellung der Schutzrechte ergibt.

Ist die allgemeine Patent- oder Gebrauchsmuster-Schutzfähigkeit unbestritten, so handelt es sich im Sinne des Arbeitnehmer-Erfindergesetzes um eine *Erfindung*. Ist diese Erfindung innerhalb eines Arbeitsverhältnisses von Arbeitnehmer und Arbeitgeber, insbesondere auch unter Nutzung der dort erworbenen Kenntnisse entstanden, so handelt es sich um eine *gebundene Erfindung*, die in direktem Zusammenhang mit dem Betrieb des Arbeitgebers steht. Der Arbeitnehmer ist dann zur schriftlichen Erfindungsmeldung

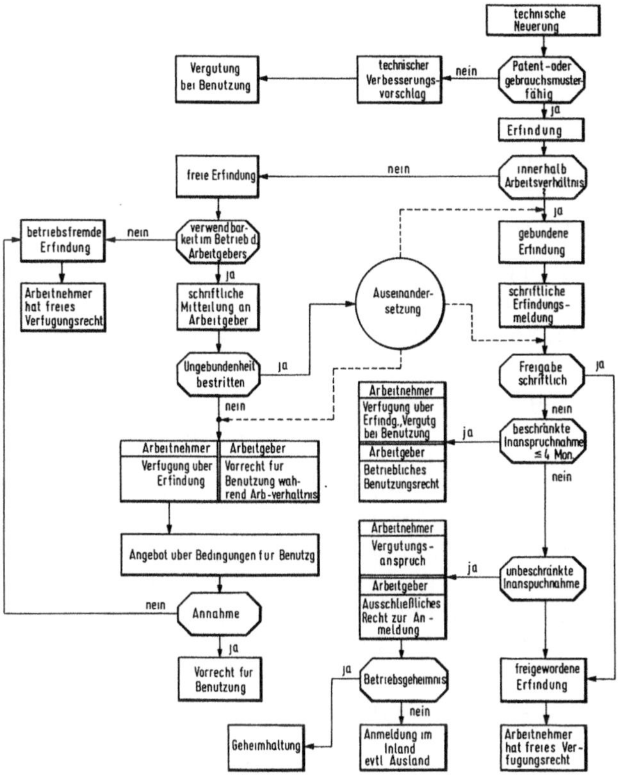

Bild 13. Ablauf Arbeitnehmer-Erfindergesetz (ArbEG)

an den Arbeitgeber verpflichtet. Der Arbeitgeber kann sich nach vollständiger Erfindungsmeldung über die Inanspruchnahme oder Freigabe entscheiden. Gibt der Arbeitgeber die Erfindung frei, kann der Arbeitnehmer unbeschränkt über die Erfindung, deren Anmeldung und Verwertung verfügen.

9.2 Inanspruchnahme

Nimmt der Arbeitgeber die Erfindung in Anspruch, so muß er dies innerhalb von vier Monaten nach vollständiger Erfindungsmeldung dem Arbeitnehmer mitteilen. Die Erfindung kann beschränkt oder unbeschränkt in Anspruch genommen werden.

Beschränkte Inanspruchnahme

Bei beschränkter Inanspruchnahme erwirbt der Arbeitgeber ein nicht ausschließliches Recht zur Benutzung der Diensterfindung, er muß dem Arbeitnehmer lediglich für die Benutzung eine angemessene Vergütung zukommen lassen.

Unbeschränkte Inanspruchnahme

Bei der unbeschränkten Inanspruchnahme gehen alle Rechte an der Diensterfindung unmittelbar auf den Arbeitgeber über, gegenüber dem der Arbeitnehmer hierdurch einen *Vergütungsanspruch* erhält.

Da sich der Arbeitgeber innerhalb von vier Monaten nach der Erfindungsmeldung über die beschränkte oder unbeschränkte Inanspruchnahme bereits endgültig entscheiden muß, und zu diesem Zeitpunkt die wirtschaftliche Bedeutung der Erfindung noch schwer einzuschätzen ist, empfiehlt es sich für den Arbeitgeber in den meisten Fällen, die Erfindung unbeschränkt in Anspruch zu nehmen. Andernfalls kann der Arbeitgeber sonst nicht frei über die Erfindung verfügen, und außerdem kann in diesem Fall der Arbeitnehmer die Verwertung der Erfindung möglicherweise auch Konkurrenten gestatten.

Mit der unbeschränkten Inanspruchnahme ist die Erfindung entweder im Inland unverzüglich anzumelden oder im Fall eines Betriebsgeheimnisses die Erfindung geheim zu halten. Wenn der Arbeitgeber im Ausland keine Schutzrechte erwerben will, muß er dies dem Arbeitnehmer rechtzeitig mitteilen, so daß der Arbeitnehmer ohne Rechtsnachteile im Ausland noch um Schutzrechte nachsuchen kann.

Die häufigsten Streitpunkte treten in Verbindung mit der *Angemessenheit* der Vergütung bei unbeschränkter Inanspruchnahme der Erfindung und in Verbindung mit dem Zahlungszeitpunkt der Vergütung auf.

9.3 Schiedsverfahren

Um den Arbeitsfrieden zu sichern, ist nach dem Arbeitnehmer-Erfindergesetz zur Klärung dieser Streitfälle eine Institution, die *Schiedsstelle* beim Deutschen Patentamt, geschaffen worden. In einer Besetzung mit einem juristischen Mitglied und zwei technisch vorgebildeten Beisitzern, die meist Prüfer auf dem jeweils zuständigen Fachgebiet sind, kann auf Antrag von Arbeitnehmer- oder Arbeitgeberseite ein Einigungsvorschlag den streitenden Parteien angeboten werden. Beide Seiten können gegen den Einigungsvorschlag Widerspruch erheben, der dann zum erfolglosen Abschluß des Schiedsverfahrens führt. Auch wenn der Einigungsvorschlag angenommen wird, erwerben die streitenden Parteien hierdurch keine vollstreckbare Entscheidung, die durch Anrufung der ordentlichen Gerichte durchgesetzt werden könnte, sondern lediglich einen privatrechtlichen Vertrag, dessen Einhaltung und Erfüllung den Vertragsparteien überlassen ist. Wird keine Einigung über die Vergütung erzielt, so ist das *Arbeitsgericht* anzurufen.

9.4 Vergütung

Nach dem Arbeitnehmer-Erfindergesetz hat der Arbeitnehmer bei einer unbeschränkten Inanspruchnahme einen Anspruch auf eine angemessene Vergütung. Dieser Vergütungsanspruch besteht *neben* dem Entlohnungsanspruch im Rahmen des Arbeitsvertrags von Arbeitnehmer und Arbeitgeber und ist auch von diesem unabhängig. Bei der Entstehung des Vergütungsanspruchs spielen somit weder die Höhe der Entlohnung des Arbeitnehmers noch dessen Stellung im Betrieb eine Rolle. Diese Gesichtspunkte kommen erst bei der Bemessung der Vergütung zum Tragen, bei der insbesondere die wirtschaftliche Verwertbarkeit der Erfindung, die Aufgaben und die Stellung des Arbeitnehmers im Betrieb sowie der Anteil des Betriebs an dem Zustandekommen der Diensterfindung zu berücksichtigen sind. Die Erfahrung mit dem Arbeitnehmer-Erfindergesetz zeigt, daß diese logisch zwingende Trennung von Entlohnungs- und Vergütungsanspruch in vielen Fällen meist in Unkenntnis der gesetzlichen Bestimmungen außer acht gelassen wird, so daß sich hieraus die meisten Streitpunkte zwischen Arbeitgeber und Arbeitnehmer ergeben. Insbesondere Klein- und Mittelbetriebe, bei denen Diensterfindungen meist nur in geringem Umfang gemacht werden, werden bei einer strengen und sorgsamen Einhaltung des Arbeitnehmer-Erfindergesetzes vor nahezu unlösbare Probleme gestellt, da der hierfür benötigte Aufwand zu groß ist. Für derartige Betriebe empfiehlt es sich unter Abweichung von der starren Regelung nach dem Arbeitnehmer-Erfindergesetz eine pauschalere und flexiblere Lösung anzustreben, was beispielsweise mit Hilfe eines privatrechtlichen Vertrags geschehen kann.

9.5 Erfindergemeinschaft

Ein weiterer Streitpunkt ergibt sich bei einer Erfindergemeinschaft, bei der mehrere Personen gemeinsam eine Erfindung geschaffen haben. Hierbei empfiehlt es sich, die Anteile der einzelnen Erfinder nicht anhand von Merkmalen oder Ansprüchen einer späteren Patentanmeldung, sondern nach Maßgabe von *Prozentanteilen* zu bemessen. Hierdurch lassen sich Streitigkeiten auch bei einer späteren Änderung des Patentbegehrens vermeiden. Insbesondere wird damit gleichzeitig erzielt, daß eine flexiblere Handhabung des Prüfungsverfahrens möglich ist, was auch im Sinne der Erfinder steht, ohne daß deren Privatinteressen berührt werden. Alle weitergehenden, in Verbindung mit dem Arbeitnehmer-Erfindergesetz zweifelsohne auftretenden Probleme müssen an dieser Stelle unbeantwortet bleiben, da sie sehr stark fallbezogen sind und sich nicht schematisieren lassen.

9.6 Freie Erfindung

Auch im Fall einer freien Erfindung hat der Arbeitnehmer bei einer möglichen Verwendbarkeit der Erfindung im Betrieb dies dem Arbeitgeber schriftlich mitzuteilen (*Bild 13*). Wenn die Ungebundenheit der Erfindung bestritten wird, kann die Rechtslage durch eine Auseinandersetzung in einem Rechtsstreit geklärt werden. Ist die Erfindung ungebunden, hat der Arbeitgeber während des Bestehens des Arbeitsverhältnisses ein Vorrecht auf die betriebliche Nutzung der Erfindung unter den vom Arbeitnehmer angebotenen Bedingungen. Hierbei muß der Arbeitgeber nur für tatsächliche Benutzungen des Erfindungsgegenstands bezahlen, während der Arbeitnehmer ansonsten über die Erfindung frei verfügen kann. Erst wenn der Arbeitgeber die Bedingungen für die Benutzung nicht annimmt oder die Verwendbarkeit im Betrieb des Arbeitgebers ausgeschlossen ist, hat der Arbeitnehmer eine betriebsfremde Erfindung gemacht, die rechtlich vollständig losgelöst vom Arbeitnehmer- und Arbeitgeberverhältnis ist.

10 Verträge über supranationale Zusammenarbeit

Durch die immer stärker werdende internationale Verflechtung der Wirtschaft ist insbesondere bei einer sehr exportintensiven Industrie das Interesse der Anmelderschaft sehr groß, für ihre gewerbliche Leistung auch in anderen Staaten Schutz zu erlangen. Hierzu mußte der Anmelder in dem jeweiligen gewünschten Staat auf der Grundlage der Pariser Verbandsübereinkunft (PVÜ) innerhalb von höchstens zwölf Monaten nach der Hinterlegung der Erstanmeldung in die jeweilige Sprache übersetzte und den nationalen Bestimmungen und Form-Erfordernissen genügende Anmeldeunterlagen einreichen sowie einen Vertreter in dem betreffenden Staat benennen, der die Handlungen rechtswirksam vornehmen kann. Aufgrund der unterschiedlichen Gesetzesbestimmungen in den einzelnen Mitgliedsstaaten erhält der Anmelder dann teilweise geprüfte und teilweise ungeprüfte Schutzrechte, die unter Umständen von der Erstanmeldung stark abweichen können. Zudem müssen die bei den ausländischen Staaten laufenden Fristen überwacht und eingehalten sowie Jahresgebühren entrichtet werden. Der hiermit verbundene finanzielle und verwaltungstechnische Aufwand ist insbesondere in wirtschaftlicher Hinsicht nahezu unvertretbar. Auch werden in den verschiedenen Staaten jeweils getrennte Recherchen zum Stand der Technik durchgeführt, so daß auch die jeweiligen nationalen Patentbehörden gezwungen sind, die steigende Flut des Schrifttums auf technischem Gebiet zu erfassen und überschaubar zu ordnen.

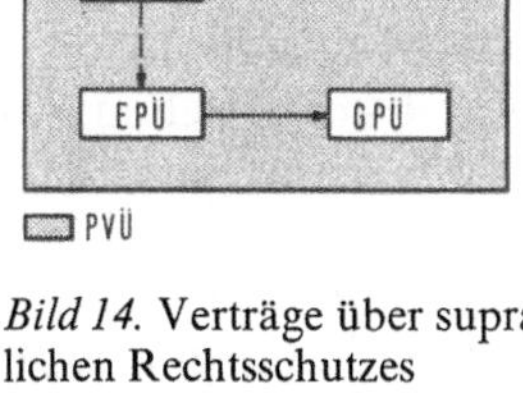

Bild 14. Verträge über supranationale Zusammenarbeit auf dem Gebiet des gewerblichen Rechtsschutzes

Auf der Basis der Pariser Verbandsübereinkunft wurden deshalb zur Zentralisierung der Anmelde- und Erteilungsverfahren folgende Sonderabkommen geschlossen (*Bild 14*):

- Patent-Zusammenarbeitsvertrag (Patent Cooperation Treaty, abgekürzt PCT),
- Europäisches Patentübereinkommen (EPÜ) und
- Übereinkommen über das Gemeinschaftspatent (GPÜ).

10.1 Patent-Zusammenarbeitsvertrag (PCT)

Der PCT-Vertrag hat weltweite Bedeutung. Ihm sind bisher die wichtigsten Industrienationen wie die europäischen Staaten, die USA und Japan sowie die Sowjetunion beigetreten. Der Verfahrensablauf einer PCT-Anmeldung mit oder ohne Erst-Hinterlegung ist im *Bild 15* dargestellt. Die Anmeldeunterlagen sind beim zuständigen Anmeldeamt zu hinterlegen, das sich nach der Staatsangehörigkeit des Anmelders bzw. nach dessen Wohnsitz bestimmt. Für die Bundesrepublik Deutschland ist das Deutsche Patentamt in München zuständig. Die Anmeldeunterlagen werden dann dem Internationalen Büro in Genf zur Weiterbearbeitung übermittelt. Das Internationale Büro beauftragt die zuständige internationale Recherchebehörde, einen Recherchebericht zu erstellen und veröffentlicht anschließend die Anmeldung mit dem Recherchebericht. Die bei der Anmeldung benannten Staaten, für die Schutz begehrt wird, werden vom internationalen Büro entsprechend benachrichtigt. *Spätestens* 20 Monate nach Anmeldetag oder Prioritätstag muß der Anmelder die internationale Anmeldung gegebenenfalls mit Übersetzungen, den nationalen Behörden oder, wenn der europäische Raum benannt worden ist, dem Europäischen Patentamt übermitteln.

Nach einem weiteren Teilabschnitt des PCT-Vertrags kann der Anmelder einen Antrag auf materielle Prüfung bei einer internationalen Prüfungsbehörde stellen, die einen internationalen Prüfungsbericht anfertigt. Dieser internationale Prüfungsbericht wird dem Anmelder und dem internationalen Büro übermittelt. Wenn ein derartiger Prüfungsantrag gestellt worden ist, muß die internationale Anmeldung zusammen mit einer Übersetzung *spätestens* 25 Monate nach Anmeldetag oder Prioritätstag dem Europäischen Patentamt oder den nationalen Patentbehörden vom Anmelder übermittelt werden.

Nach der Übermittlung der internationalen Anmeldung an das Europäische Patentamt oder die nationalen Patentbehörden wird

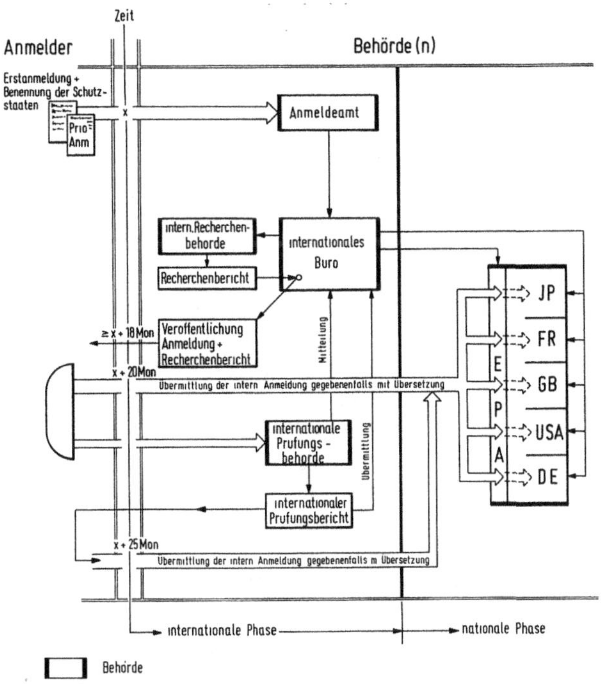

Bild 15. Verfahrensablauf zur Anmeldung nach dem Patent-Zusammenarbeitsvertrag PCT. EPA europäisches Patentamt, JP, FR, GB, USA, DE nationale Patentämter, x Anmeldetag/Prioritätstag

der Antrag ausschließlich nach den nationalen Bestimmungen weiter behandelt. So ist beispielsweise für die Bundesrepublik Deutschland ein kostenpflichtiger Prüfungsantrag zur materiellen Prüfung erforderlich, und die Jahresgebühren müssen ab dem dritten Jahr bezahlt werden.

Zusammenfassend erstreckt sich der beim PCT-Verfahren erreichte Zentralisierungsgrad im wesentlichen nur auf eine *einheitliche internationale Recherche,* die mit hohen Amtsgebühren verbunden ist. Da sich das PCT-Verfahren erst im Anlauf- und Anfangsstadium befindet, können derzeit noch keine verbindlichen Aussagen über Vorteile gemacht werden. Ein entscheidendes Kriterium für Vorteile bei dem PCT-Verfahren liegt in dem Umstand, ob die internationale Recherche *vollständig und zuverlässig* ist. Dann könnte sich nämlich der Anmelder nach Erhalt des Recherchеberichts ein verläßliches, umfassendes Bild über die Aussichten machen, ein Patent in den von ihm benannten Staaten zu erlangen. Der Anmelder hätte bei dem PCT-Verfahren dann den Vorteil, daß er möglicherweise die hohen Kosten der nationalen Verfahren sowie die Übersetzungskosten und die jeweiligen Vertreterkosten sparen kann. Da der internationale vorläufige Prüfungsbericht bei der nationalen Weiterbehandlung der PCT-Anmeldung keine bindende Wirkung hat, ist wohl kaum zu erwarten, daß von der internationalen Prüfung in großem Umfang Gebrauch gemacht wird, da sonst noch mehr Doppelkosten anfielen.

Im wesentlichen spart sich der Anmelder bei einer PCT-Anmeldung lediglich innerhalb eines Zeitraums von 20 bis 25 Monaten ab Anmeldetag oder Prioritätstag die Übersetzungskosten und die Vertreterkosten für die Anmeldungen in den anderen Staaten und kann einen um mindestens acht Monate größeren Zeitraum als bei Auslandsanmeldungen auf der Basis der Pariser Übereinkunft (PVÜ) ausschöpfen, bis er sich über das Vorgehen zur Erlangung seiner Schutzrechte im Ausland entscheiden muß.

10.2 Europäisches Patentübereinkommen

Mit dem Europäischen Patentübereinkommen (EPÜ) wird ein stärkerer Zentralisierungsgrad als bei den PCT-Verfahren erreicht, allerdings beschränkt auf den europäischen Raum. Nach dem EPÜ wird das gesamte Erteilungsverfahren zentral vom Europäischen Patentamt durchgeführt. Das Europäische Erteilungsverfahren ist im *Bild 16* dargestellt.

Mit Eingang der Anmeldung führt das Europäische Patentamt (EPA) eine Eingangsprüfung durch und teilt die Unterlagen unmittelbar zur Formalprüfung und zur Recherche auf. Nach dem Erstellen des Rechercheberichts und nach Abschluß des Formalprüfungsverfahrens wird bei positivem Ausgang die Anmeldung zusammen mit dem Recherchebericht spätestens 18 Monate nach dem Anmeldetag oder Prioritätstag veröffentlicht. Dieser Abschnitt des europäischen Erteilungsverfahrens wird zwangsweise bei allen hinterlegten Anmeldungen und auch unabhängig von der Tatsache durchlaufen, ob die Anmeldungen in die bereits eröffneten Prüfungsgebiete zur materiellen Prüfung fallen oder nicht.

Innerhalb von sechs Monaten nach der Veröffentlichung eines Hinweises im Europäischen Patentblatt über die Veröffentlichung der Anmeldung muß der Anmelder Antrag auf materielle Prüfung stellen, wenn die Anmeldung nicht als zurückgenommen gelten soll. Hieran schließt sich dann die materielle Prüfung unter ausschließlicher Beteiligung des Anmelders an und endet mit der Zurückweisung oder der Erteilung. Bei Erteilung wird eine Patent-

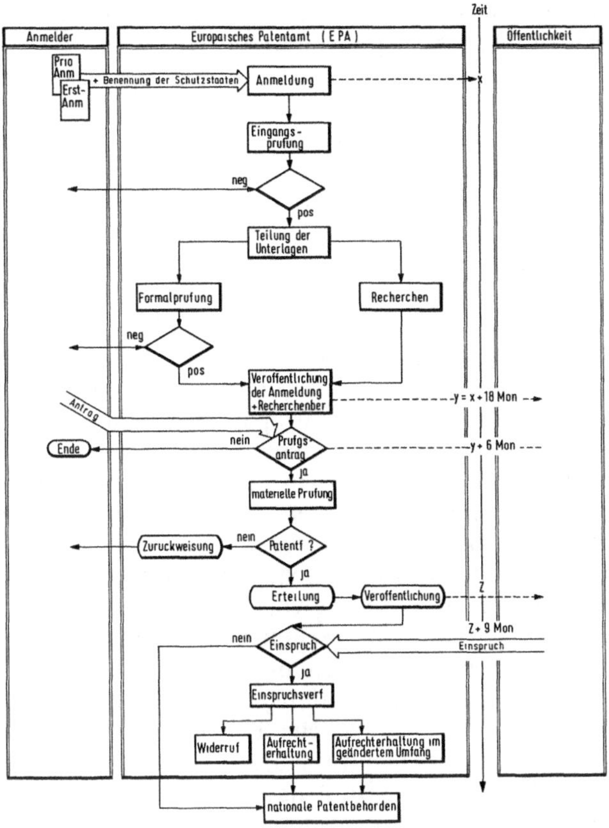

Bild 16. Verfahrensablauf zur Anmeldung nach dem europäischen Patentübereinkommen EPÜ. x Anmeldetag/Prioritätstag, y Veröffentlichungstag, Z Veröffentlichungstag des erteilten Patents

schrift in den drei Verfahrenssprachen Deutsch, Englisch und Französisch veröffentlicht.

Die Öffentlichkeit kann sich an dem Prüfungsverfahren durch Einlegung eines Einspruchs nach der Erteilung beteiligen. Als Ergebnis des Einspruchsverfahrens, das der Erteilung nachgeschaltet ist, wird das erteilte Patent widerrufen, aufrechterhalten oder in geändertem Umfang aufrechterhalten. Nach Abschluß dieses Erteilungsverfahrens unterliegt in den beiden letzteren Fällen das erteilte Patent den jeweils nationalen Bestimmungen und zerfällt in ein Bündel nationaler Patente.

Für die nationalen Patente gelten jeweils gesonderte Vorschriften über die Aufrechterhaltung, das Erlöschen, die Beschränkung und die Nichtigkeit. Auch die Rechtsverfolgung und der Schutzumfang des Schutzrechts richten sich nach nationalem Gesetz und führen zu unterschiedlichen Auslegungen und Ergebnissen.

Durch die Zentralisierung des gesamten Erteilungsverfahrens wird erreicht, daß in allen vom Anmelder benannten Mitgliedsstaaten das erteilte europäische Patent ein- und denselben Wortlaut hat. Allerdings müssen ab dem *zweiten* Jahr Jahresgebühren für die europäische Anmeldung entrichtet werden. Die reinen Verfahrensgebühren für das europäische Patent belaufen sich etwa auf das Vierfache einer nationalen Anmeldung in der Bundesrepublik Deutschland. Somit ist eine europäische Patentanmeldung insbesondere für Anmelder von Interesse, die ohnedies in mindestens vier europäischen Staaten Schutzrechte erlangen wollen. Allerdings ist zusätzlich noch das Risiko zu berücksichtigen, daß bei einer rechtswirksamen Versagung der europäischen Patentanmeldung anschließend *keine* nationalen Patente mehr erworben werden können. Da in einigen Staaten, z. B. in Frankreich, Patente ohne materielle Prüfung erteilt werden, kann ein Anmelder dort ein Schutzrecht ohne Schwierigkeiten erlangen, was zumindest für eine in dem betreffenden Staat ansässige Tochterfirma oder einen Lizenznehmer aus Gründen der Werbung von Bedeutung sein kann, obgleich das Schutzrecht materiell gesehen nicht rechtsbeständig ist. Da es bisher für europäische Patentanmeldungen keine gesicherte Rechtssprechung im Hinblick auf die Patentfähigkeit, insbesondere im Hinblick auf die erfinderische Tätigkeit, gibt, ist eine europäische Patentanmeldung auch mit einem Unsicherheitsfaktor behaftet, der bei der Hinterlegung im Anfangsstadium in Kauf genommen werden muß. Eine gefestigte und gesicherte Rechtssprechung hierzu läßt sich erst im Laufe von Jahren sammeln.

Da jedoch die europäischen Staaten durch den Zusammenschluß in diesem Sonderabkommen ein starkes Interesse bekundet haben, werden sich diese Anlaufschwierigkeiten schnell überwinden lassen. Das Europäische Patentamt steht aber auch in unmittelbarer Konkurrenz mit den nationalen Patentbehörden, sein Erfolg ist im wesentlichen unmittelbar von diesem entscheidenden Punkt abhängig. Daher dürften wohl noch auftretende und zu überbrückende Schwierigkeiten kaum auf den Schultern der Anmelder ausgetragen werden. Vielmehr vertritt das Europäische Patentamt einen sehr anmelderfreundlichen Standpunkt, was sich bereits jetzt schon aus dem Umgang mit den behördlichen Dienststellen ablesen läßt.

Da das Europäische Patentamt die materielle Prüfung, auf Fachgebiete beschränkt, stufenweise aufnimmt, kann derzeit nicht für jeden Anmeldungsgegenstand ein Europäisches Patent erlangt werden. Das Europäische Patentamt gibt jederzeit kostenlos auf schriftliche Anfrage Auskunft, ob die Anmeldung in die bereits zur materiellen Prüfung eröffneten Fachgebiete fällt oder nicht. Selbst wenn die Anmeldung in ein nicht eröffnetes Fachgebiet fällt, wird der Verfahrensabschnitt bis zur Rechercheerstellung und zur Veröffentlichung der Anmeldung zusammen mit dem Recherchebericht durchlaufen. Nach Aufforderung kann dann der Anmelder die Europäische Patentanmeldung in nationale Anmeldungen umwandeln. Hierdurch wird sichergestellt, daß ein Anmelder selbst bei prioritätsloser unmittelbarer Direktanmeldung beim Europäischen Patentamt auf jeden Fall den Anmeldetag gesichert hat, der für die Beurteilung der Neuheit und der erfinderischen Tätigkeit maßgebend ist. So werden beim Anmelder irgendwelche Rechtsnachteile durch Unkenntnis vermieden. Nun sind fast alle Sachgebiete zur Prüfung eröffnet.

10.3 Übereinkommen über das Gemeinschaftspatent

Mit dem europäischen Patentübereinkommen wird nur die Patenterteilung auf europäischer Ebene vereinheitlicht, während sich die nach dem europäischen Patentübereinkommen erteilten Patente in verselbständigte einzelne nationale Schutzrechte aufspalten. Hierdurch können innerhalb der europäischen Wirtschaftsgemeinschaft als einheitliches Wirtschaftsgebiet Wettbewerbsverzerrungen dadurch entstehen, daß die einzelnen selbständigen nationalen Patente unterschiedlich bewertet werden.

Das Übereinkommen über das Gemeinschaftspatent (GPÜ) verfolgt den Zweck, die Ziele des Vertrags zur Gründung der europäischen Wirtschaftsgemeinschaft (EWG) nach den römischen Verträgen zu verwirklichen und Verfälschungen des Wettbewerbs zu beseitigen, die sich aus der territorialen Begrenzung der nationalen Schutzrechte ergeben können. Nach dem Übereinkommen über das Gemeinschaftspatent entfallen diese Schutzrechtsgrenzen innerhalb der EWG.

Das Übereinkommen über das Gemeinschaftspatent enthält im wesentlichen Bestimmungen über das materielle Patentrecht (Schutzgegenstand, Schutzumfang, Benutzungshandlungen, Schutzwirkung), über die Aufrechterhaltung, das Erlöschen, die Beschränkung und die Nichtigkeit. Ferner umfaßt es Vorschriften über Verletzungsstreitigkeiten und das Verletzungsverfahren selbst sowie Regelungen über die gerichtliche Zuständigkeit.

Das nach dem Übereinkommen über das Gemeinschaftspatent erteilte Gemeinschaftspatent, das im Hoheitsgebiet aller Mitgliedsstaaten die gleiche Wirkung hat und nur für das supranationale

Hoheitsgebiet aller Mitgliedsstaaten erteilt wird, kann nur als ganzes übertragen, für nichtig erklärt werden und erlöschen. Das einheitliche Gemeinschaftspatent ist demnach ein selbständiges, von den nationalen Vorschriften der Mitgliedsstaaten unabhängiges Recht, das als supranationales Recht neben den nationalen Patenten der Mitgliedsstaaten besteht. Das Gemeinschaftspatent kann grundsätzlich nur für das Gesamtgebiet der Europäischen Gemeinschaft (EG) erteilt werden, so daß keine Mitgliedsstaaten ausgenommen werden können.

Mit dem Übereinkommen über das Gemeinschaftspatent wird im Anschluß an das Europäische Patentübereinkommen ein einheitliche Gemeinschaftspatent ist demnach ein selbständiges, von fen. Hierdurch gewinnt es auch außerordentlich an wirtschaftlicher Bedeutung.

Das Übereinkommen über das Gemeinschaftspatent ist noch nicht in Kraft getreten; die Änderungen des deutschen Patentgesetzes zur Anpassung an das Übereinkommen wurden bereits vom Deutschen Bundestag verabschiedet.

Das Anpassungsgesetz wird als Gesetz über das Gemeinschaftspatent und zur Änderung patentrechtlicher Vorschriften (Gemeinschaftspatentgesetz, abgekürzt GPatG) bezeichnet und ist im Bundesgesetzblatt I, Nr. 48, S. 1269 verkündet und veröffentlicht worden und am 1. 1. 1981 in Kraft getreten.

11 Literatur

1. Althammer, W.: Warenzeichengesetz. Köln, Berlin, Bonn, München: Heymanns 1979
2. Benkhard, G.: Patentgesetz, Gebrauchsmustergesetz. München: Beck 1973
3. Bühring, M.: Gebrauchsmustergesetz. Köln, Berlin, Bonn, München: Heymanns 1977
4. Busse, R.: Patentgesetz und Gebrauchsmustergesetz. Berlin, New York: de Gruyter 1972
5. Der Weg zum europäischen Patent. Leitfaden für Anmelder. Informationsschrift des Europäischen Patentamts 1978
6. Europäisches Patentrecht. Hrsg. Patentanwaltskammer München. Köln, Berlin, Bonn, München: Heymanns 1978
7. Habersack, H.-J.: Europa–PCT. Karlsfeld: Jüngling 1978
8. Haertel, K.: Europäisches Patentübereinkommen. Köln, Berlin, Bonn, München: Heymanns 1974
9. Hubmann, H.: Gewerblicher Rechtsschutz. München: Beck 1974
10. Reimer, E.; Schade, H.; Schippel, H.: Das Recht der Arbeitnehmererfindung. Berlin: Schmidt 1975
11. Richter, R.: Sammlung der Spruchpraxis zur Warengleichartigkeit. Köln, Berlin, Bonn, München: Heymanns 1972
12. Richter, R.: Warengleichartigkeit. Köln, Berlin, Bonn, München: Heymanns 1978
13. Schulte, R.: Patentgesetz. 3. Aufl. Köln, Berlin, Bonn, München: Heymanns 1981
14. Wappen und Flaggen der Bundesrepublik Deutschland und der Bundesländer. Hrsg. Bundesministerium des Innern. Köln, Berlin, Bonn, München: Heymanns 1956

12 Anhang

12.1 Beispiel: Auslegeschrift[1] einer Patentanmeldung

Die hier erläuterte Auslegeschrift 23 63 234 wurde nach Prüfung der formellen und materiellen Schutzvoraussetzungen vom Deutschen Patentamt herausgegeben.

Titelblatt

Die Klassifikation wird in den Veröffentlichungen des Patentamts

- Offenlegungsschriften (OS),
- Auslegeschriften (AS) und
- Patentschriften (PS)

immer rechts oben angegeben und dient zur sachlichen Einordnung.
Es bedeuten:

A 47 K 3/02 alte Klassifikation,
B 21 D 51/18 Internationale Patentklassifikation.

Zur Systematisierung wurden bei Schutzrechtsveröffentlichungen Vereinbarungen getroffen, nach denen zur Spezifikation der wesentlichen Daten *Symbole* vorangestellt werden, die bei allen in- und ausländischen Schutzrechtsveröffentlichungen als Empfehlung gemeinsam verwendet werden. Diese Symbole sind durch einen Kreis umrandet, in dem eine Ziffer oder Ziffernfolge eingetragen ist.

Bedeutung der Symbole

(43) Veröffentlichungstag für ungeprüfte Schutzrechte, z. B. Offenlegungsschrift,
(44) Veröffentlichungstag für geprüfte Anmeldungen, z. B. Auslegeschrift,
(45) Veröffentlichungstag für erteilte, geprüfte Schutzrechte, z. B. Patentschrift.

1 Ab 1. 1. 1981 wird anstelle der Auslegeschrift die Patentschrift veröffentlicht

Der Veröffentlichungstag ist der maßgebende Zeitpunkt für die Neuheitsschädlichkeit, ab dem die Anmeldeunterlagen der Öffentlichkeit unbeschränkt zugänglich sind.

(41) ungeprüfte Anmeldung,
(42) geprüfte Anmeldung.

Wird eine Priorität nach der Pariser Übereinkunft (PVÜ) in Anspruch genommen, ist diese auf dem Titelblatt unter Zuordnung eines Länderschlüssels nach den Veröffentlichungsdaten angegeben.

Daran schließen sich in einem durch zwei Querstriche abgeteilten Block bibliographische Angaben an:

Bezeichnung:	Titel der Anmeldung
Anmelder:	Name und Anschrift
Vertreter:	Name und Anschrift (nur bei Anmeldern mit Sitz im Ausland)
Erfinder:	Name und Anschrift

Wenn ein Prüfungsantrag nach § 28 a[1] (Neuheitsrecherche) oder § 28 b[2] (Prüfung auf materielle Schutzvoraussetzungen) gestellt und abgeschlossen ist, werden die hierbei ermittelten Druckschriften nach dem zweiten Querstrich aufgelistet, z. B. DE-AS 14 52 865.

Beschreibungsunterlagen

1. Schutzbegehren (Patentansprüche):

– Hauptanspruch:	Anspruch 1 (Spalte 1, Zeile 4–19)
– Oberbegriff (OG)	gibt nächstliegenden Stand der Technik an, von dem bei der Erfindung ausgegangen wird (Sp. 1, Z. 4–7, bis einschließlich 4. Wort)
– Kennzeichen (KT)	enthält erfindungswesentliche Merkmale, die gegenüber dem nächstliegenden Stand der Technik neu sind. In Klammern können zur Erläuterung Bezugszeichen des Ausführungsbeispiels nach der Zeichnung eingetragen werden (Sp. 1, Z. 7, 5. Wort bis Z. 15)
– Unteransprüche:	Anspruch 2 beschreibt Merkmale der Erfindung, die den Gegenstand des Hauptanspruchs (A 1) weiterbilden (Sp. 1, Z. 16–19)

1 Ab 1. 1. 1981 § 43 PatG
2 Ab 1. 1. 1981 § 44 PatG

2. Beschreibung

Beschreibungseinleitung	(Sp. 1, Z. 23 bis Sp. 2, Z. 20 einschließlich 5. Wort)
Gattungsbeschreibung	entspricht der wörtlichen Wiederholung des Oberbegriffs von A 1 (Sp. 1, Z. 23–27)
Stand der Technik insgesamt	Zitat der jeweiligen Literaturstelle im Hinblick auf den für die Erfindung maßgeblichen Inhalt mit kurzer Würdigung und Schilderung der Nachteile des Standes der Technik (Sp. 1, Z. 28–56)
Aufgabe	enthält die Problemstellung und das Ziel der Erfindung (Sp. 2, Z. 1–3)
Erfindungsgemäße Lösung der Aufgabe	entspricht der wörtlichen Wiedergabe des Kennzeichens vom Hauptanspruch (Anspruch 1) (Sp. 2, Z. 4–10)
Weitere bevorzugte Merkmale nach der Erfindung	enthält Merkmale der Unteransprüche (Anspruch 2) (Sp. 2, Z. 11–13)
Vorteile der Erfindung	Begründung des mit der Erfindung erzielbaren Fortschritts (Sp. 2, Z. 14–20)
Figurenbeschreibung	(Sp. 2, Z. 20–56)
Figurenaufzählung	(Sp. 2, Z. 22–24)
Erörterung des Anmeldungsgegenstands	unter Bezugnahme auf die Figuren der Zeichnung zur Erläuterung (Sp. 2, Z. 25–56)
Zusammenfassung[1]	

3. Zeichnung

Die Zeichnung ist eine Darstellung des Anmeldungsgegenstands als technische Zeichnung ohne Vermaßung und mit Bezugszeichen. Sie kann auch als vorläufige Zeichnung in Form einer Handskizze oder dergleichen eingereicht werden. Die endgültige Druckzeichnung ist dann vor der Veröffentlichung der Anmeldung (Offenlegung) nachzureichen, und muß inhaltlich, jedoch nicht absolut deckungsgleich, mit der vorläufigen Zeichnung übereinstimmen.

Die Zeichnung kann auch entfallen, wenn sie zum Verständnis der Erfindung nicht notwendig ist.

---

1 Ab 1. 1. 1981 ist eine Zusammenfassung nötig

DT 23 63 234 B 2

(51) Int. Cl 2: A 47 K 3/02
B 21 D 51/18

(19) BUNDESREPUBLIK DEUTSCHLAND

DEUTSCHES PATENTAMT

(11) Auslegeschrift 23 63 234

(21) Aktenzeichen P 23 63 234 0-16

(22) Anmeldetag 19. 12 73

(43) Offenlegungstag: 1. 8 74

(44) Bekanntmachungstag. 5 5 77

(30) Unionspriorität

(32) (33) (31) 20 12 72 Spanien 409826

(54) Bezeichnung Verfahren zur Herstellung einer Badewanne aus Stahlblech mit Armlehnen

(71) Anmelder.

(74) Vertreter.

(72) Erfinder

(56) Für die Beurteilung der Patentfähigkeit in Betracht gezogene Druckschriften

DT-AS	14 52 865
OE	90 308
FR	15 93 588

DT 23 63 234 B 2

● 4 77 709 518/252

Patentansprüche:

1. Verfahren zur Herstellung einer Badewanne aus Stahlblech mit Armlehnen, die aus der seitlichen Badewannenfläche hervorstehen und vom Inneren her zugänglich ausgebildet sind, dadurch gekennzeichnet, daß zunächst in an sich bekannter Weise aus der inneren Teilfläche einer Blechplatine das untere Becken gezogen wird und daß danach aus einem restlichen, unverformten Flachteil die obere Wand unter Bildung von gegenüberliegenden Armlehnen (3) sowie eines verbleibenden Umfangsrandes (1) abstufungslos gezogen wird.

2. Verfahren nach Anspruch 1, dadurch gekennzeichnet, daß zwischen den Armlehnen (3) und dem Umfangrand (1) ein Vorsprung für einen Seifenbehälter (2) ausgebildet wird.

Die Erfindung bezieht sich auf ein Verfahren zur Herstellung einer Badewanne aus Stahlblech mit Armlehnen, die aus der seitlichen Badewannenfläche hervorstehen und vom Inneren her zugänglich ausgebildet sind.

Aus den OE-PS 90 308 und FR-PS 15 93 588 sind Badewannen mit Armlehnen, die aus der seitlichen Badewannenfläche hervorstehen und vom Inneren her zugänglich ausgebildet sind, bekannt. Aus der OE-PS 90 308 ist zu entnehmen, daß diese Badewannen auch aus Stahlblech bestehen können.

Die bekannten Herstellungsverfahren derartiger Badewannen bestehen darin, daß sie entweder aus mehreren Teilen zusammengeschweißt oder gegossen werden. Die Nachteile dieser Herstellungsverfahren sind insbesondere darin zu sehen, daß sie umstandlich, die Herstellungskosten bedingt durch den notwendigen Einsatz spezialisierter Arbeitskräfte hoch sind und an den Schweißnähten der Email-Überzug schlecht hält.

Weiterhin ist aus der DT-AS 14 52 865 ein Verfahren zur Herstellung einer einteiligen, abgestuften Sitzbadewanne aus Stahlblech, bei welcher die Wanne in zwei Phasen aus einer Blechplatine gezogen wird, bekannt. Dieses Verfahren wurde jedoch auf die Herstellung einer Sitzbadewanne ohne Armlehnen beschränkt. Um insbesondere in den Bereichen zwischen der Sitzfläche und den Wänden des Wannenkörpers und des Beckens dem Materialgleiten vorzubeugen, ist es nach diesem Verfahren erforderlich, beim Ziehen der Sitzfläche vorsichtiger als beim Ziehen des Beckens vorzugehen und das Becken von der Zone, auf die sich die zweite Verformung auswirkt, durch eine Abstufung, die sich um den ganzen Umfang des Beckens erstreckt und die Sitzfläche einschließt, zu trennen.

Die Aufgabe der Erfindung besteht darin, ein billiges Verfahren zur Herstellung einer Badewanne aus Stahlblech mit Armlehnen aus einem Stück zu schaffen.

Erfindungsgemäß wird diese Aufgabe dadurch gelöst, daß zunächst in an sich bekannter Weise aus der inneren Teilfläche einer Blechplatine das untere Becken gezogen und das danach aus einem restlichen, unverformten Flachteil die obere Wand unter Bildung von gegenüberliegenden Armlehnen sowie eines verbleibenden Umfangrandes abstufungslos gezogen wird.

Zusätzlich kann zwischen den Armlehnen und dem oberen Rand ein Vorsprung für einen Seifenbehälter ausgebildet werden.

Die mit der Erfindung erzielten Vorteile bestehen insbesondere darin, daß eine mit Armlehnen versehene Badewanne aus Stahlblech aus einem Stück und mit einer geringen Anzahl von Arbeitsvorgängen hergestellt werden kann und die Anzahl der zur Herstellung benötigten Arbeitskräfte verringert wird. Dies hat eine Verringerung der Herstellungskosten zur Folge. In den Zeichnungen zeigt

Fig. 1 einen vertikalen Längsschnitt der Badewanne und

Fig. 2 den Grundriß derselben.

Der Herstellungsvorgang der Badewanne mit Armlehnen ist folgender:

Zuerst wird durch Ziehung des Stahlbleches das Badewannengehäuse bis auf die Armlehnen 3 gefertigt. Das Blech ist so ausgerüstet, daß es beim Herauskommen aus der Preßmaschine nach der erwähnten Ziehung des Gehäuses mit breiten Flugeln versehen ist. Das Blech ist so modelliert, daß die weiteren Arbeitsgänge vorgenommen werden können.

Es ist unerläßlich, daß das ursprüngliche Blech entsprechend profiliert und geformt ist, damit ausschließlich nur das für die Herstellung notwendige Material vorhanden ist, und somit jede Möglichkeit ausgeschlossen ist, daß bei den enormen Spannungen, denen die Kristallstruktur des verwendeten Materials ausgesetzt ist, äußerliche Entspannungen und Faltungen auftreten.

In der zweiten Phase der Ziehung werden aus dem restlichen, unverformten Flachteil die obere Wand unter Bildung von gegenüberliegenden Armlehnen 3 sowie eines verbleibenden Umfangrandes 1 abstufungslos unter Verwendung geeigneter Punzen gezogen.

Neben den Armlehnen 3 oder im Umfangrand 1 können bei entsprechender Faltung oder Rundung der Ecken Seifenbehälter 2 ausgebildet werden. An der Fußseite 5 der Badewanne können die Hahnarmaturen angebracht werden.

Die letzten Fabrikationsarbeiten der Badewanne werden auf normale technische Art durchgeführt und umfassen die üblichen Arbeitsgänge für Profilierung, Stanzen der Ränder, verschiedene Bohrungen und die entsprechenden Anwendungen von Email und Brennen.

Hierzu 1 Blatt Zeichnungen

Fig. 1

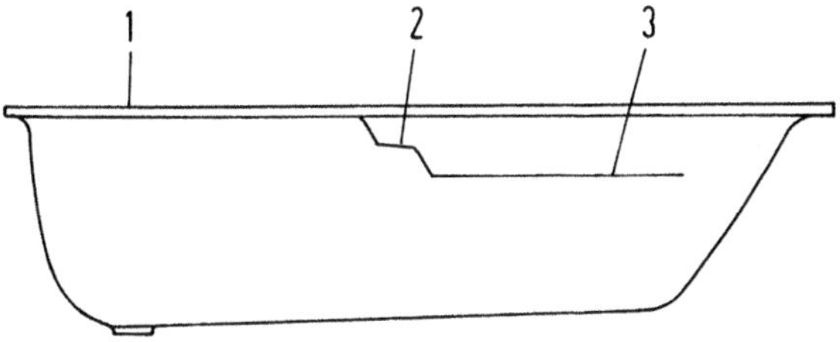

Fig. 2

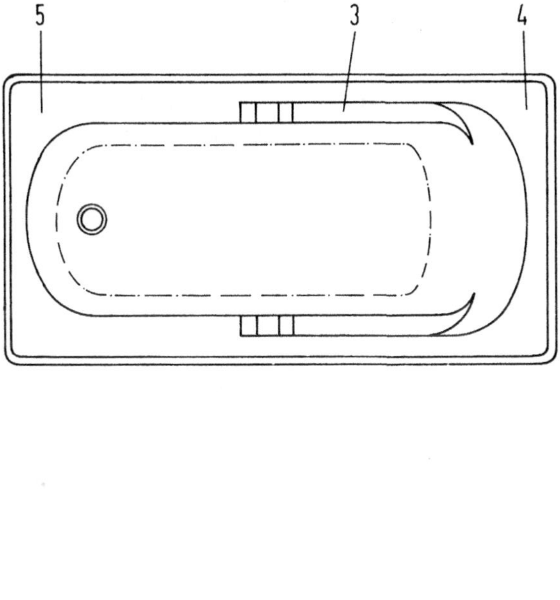

12.2 Beispiel: Gebrauchsmusteranmeldung

Zur Gegenüberstellung und zur Verdeutlichung des Unterschieds von Patent und Gebrauchsmuster wurde als Beispiel einer Gebrauchsmusteranmeldung ein Erzeugnis gewählt, das nach dem in der Auslegeschrift DE-AS 23 63 234 (s. Abschnitt 12.1) beschriebenen Verfahren hergestellt wird.

Wie im Abschnitt 3.1.1 (Verfahren) angegeben sind Verfahren nicht unmittelbar gebrauchsmusterschutzfähig. Da sich die Verfahrensmaßnahmen der Auslegeschrift DE-AS 23 63 234 der Patentanmeldung auch in dem hergestellten Erzeugnis, der Badewanne, als gegenständliche Merkmale verkörpern (Armlehnen, Seifenablage usw.), können diese gegenständlichen Merkmale mit einem Gebrauchsmuster unter Schutz gestellt werden, wenn sie eine Schutzfähigkeit begründen können, d. h. wenn sie neu, technisch fortschrittlich und erfinderisch sind.

Hierzu müssen dann die Anmeldeunterlagen für das Gebrauchsmuster auf die körperlichen Merkmale abgestellt werden. Die Anmeldeunterlagen für eine Gebrauchsmusteranmeldung stimmen hinsichtlich ihrer Gliederung mit den Unterlagen einer Patentanmeldung überein. Sie umfassen ein Schutzbegehren, eine Beschreibung und eine Zeichnung.

Beschreibungsunterlagen

1. Schutzbegehren

Das Schutzbegehren umfaßt die Ansprüche, die die unter Schutz zu stellenden Merkmale enthalten. Beim Gebrauchsmuster werden sie nicht als Patentansprüche (Patent) sondern als *Schutzansprüche* bezeichnet. Die Schutzansprüche gliedern sich wie beim Beispiel der ausgelegten Patentanmeldung (DE-AS 23 63 234) in Oberbegriff und Kennzeichen.

Hieran können sich weitere Ansprüche mit zusätzlichen Merkmalen anschließen, die für die Lösung nach dem Hauptanspruch (Anspruch 1) förderlich sind. Diese werden als Unteransprüche bezeichnet.

2. Beschreibung

Die geschaffene Leistung wird üblicherweise in Abweichung zur Patentanmeldung nicht als Erfindung, sondern als *Neuerung* bezeichnet. Zwingend ist die Verwendung dieses Begriffs jedoch nicht. Werden eine Patent- und Gebrauchsmusterhilfsanmeldung gleichzeitig eingereicht, so werden die Beschreibungsunterlagen zweckmäßigerweise auf die Patentanmeldung abgestellt; sie werden identisch für die Gebrauchsmusteranmeldung übernommen. Die Überarbeitung und Änderungen können dann später vorgenommen werden, wenn die Gebrauchsmusteranmeldung verselbständigt wird, oder ehe sie in die Gebrauchsmusterrolle eingetragen wird.

3. Zeichnung

Die Zeichnung dient nur zur Erläuterung des Anmeldungsgegenstandes und kann auch als Handskizze vorläufig eingereicht werden. Die endgültige Zeichnung muß inhaltlich mit der vorläufigen übereinstimmen und darf keine Erweiterungen enthalten. Die vor der Eintragung nachzureichende Zeichnung sollte möglichst linien- und maßstabgetreu der vorläufigen Skizze entsprechen, um die Nachprüfung auf Übereinstimmung zu erleichtern. Zwingend notwendig vorgeschrieben ist dies aber nicht. Da die Überprüfung quasi mit Übereinanderlegen durchgeführt wird, führen sogar minimale Abweichungen erfahrungsgemäß zu Rückfragen. Deren Klärung ist für den Anmelder oft mühsam.

Eine sachliche Prüfung wird vor der Eintragung bekanntlich nicht vorgenommen. Überdies ist die mit der Bearbeitung betraute Gebrauchsmusterstelle auf technischem Gebiet nicht bewandert und deshalb hierbei überfordert.

Akte zeichen: ....

Anmelder: ....

Anschrift: ....

Badewanne

Die Neuerung betrifft eine Badewanne mit Armlehnen, die seitlich aus der Wannenfläche hervortreten und von innen zugänglich sind.

Nach der OE-PS 90 308 und der FR-PS 15 93 588 sind Badewannen der vorstehenden Art bekannt. Aus der OE-PS 90 308 ist es auch bekannt, Badewannen aus Stahlblech herzustellen. Bisher wurden die Armlehnen so angebracht, daß sie beim Einstieg in die Badewanne behinderten, den Freiraum in Breitenrichtung einengten und keinen sicheren Halt beim Ein- und Aussteigen boten.

Von daher liegt der Neuerung die Aufgabe zugrunde, den zuvor beschriebenen Nachteilen abzuhelfen und eine Badewanne hinsichtlich ihres Komforts und ihrer Gebrauchssicherheit zu verbessern.

Neuerungsgemäß wird diese Aufgabe dadurch gelöst, daß die Armlehnen etwa parallel zur Längserstreckung der Bodenfläche verlaufen.

Hierdurch wird erreicht, daß die Armlehnen behinderungsfrei beim Einstieg zugänglich sind, um eine Art Handlauf zu bilden.

Vorzugsweise hat die Badewanne einen Umfangsrand, so daß beim Aussteigen aus der Badewanne eine rutschsichere Grifffläche vorhanden ist.

Insbesondere ist der Umfangsrand nach außen umgebogen, so daß sich abgerundete Kanten ergeben, um die Verletzungsgefahr zu reduzieren, wenn man beispielsweise unachtsam mit einem Körperteil gegen die Badewanne stößt.

Wenn der Umfangsrand entsprechend Anspruch 4 eine etwa gleichmäßige Wanddicke hat, erhält man ein optisch ansprechendes Äußeres. Zudem ist der Umfangsrand sehr widerstandsfähig und kann auch große von außen einwirkende Kräfte aufnehmen.

Vorzugsweise beträgt die Länge etwa ein Drittel der Gesamtlänge der Badewanne. Hierdurch wird zusätzlich in Breitenrichtung der Wanne ein Freiraum geschaffen, so daß man sich beim Baden ungehindert bewegen kann. Insbesondere ist im Bereich der Beine und Füße ausreichend Bewegungsspielraum vorhanden, wodurch sich der Badekomfort erhöht.

Bei der Ausführungsform nach Anspruch 6 ist zwischen dem Umfangsrand und der Armlehne ein Seifenbehälter ausgeformt, so daß die Seife immer griffbereit in Handnähe ist.

Wenn wie nach Anspruch 7 der Seifenbehälter stufenförmig abgesetzt ist und direkt an das Handende der jeweiligen Armlehme anschließt, ist ein glatter Übergang vorhanden, der frei von spitzen, vorstehenden Ecken ist, wodurch eine Verletzungsgefahr weiter verringert wird.

Der Seifenbehälter kann aber auch alternativ im Umfangsrand ausgeformt sein, um den Seifenbehälter fertigungstechnisch einfacher ausbilden zu können.

Armaturen, wie z. B. Wasserabfluß, Hahn etc. sind vorzugsweise an der Fußseite der Badewanne befestigt, so daß sie das Ein- und Aussteigen nicht behindern.

Als bevorzugtes Material für die Badewanne wird nach Anspruch 10 Stahlblech gewählt, da es in sich formstabil und widerstandsfähig, insbesondere korrosionsbeständig ist. Auch läßt sich Stahlblech relativ günstig verarbeiten.

Die Neuerung wird nachstehend anhand der Zeichnung an einem Beispiel erläutert. Darin zeigt Fig. 1 einen vertikalen Längsschnitt einer Badewanne und Fig. 2 eine Draufsicht auf eine Badewanne.

In der Zeichnung ist eine Ausführungsform einer neuerungsgemäßen Badewanne insgesamt mit B bezeichnet. Sie hat eine Bodenfläche 6 und eine diese umschließende Seitenwandung 7. Die Fußseite ist mit 5 und das Kopfende mit 4 bezeichnet. In der Seitenwandung 7 sind Armlehnen 3 ausgebildet.

Wie sich insbesondere Fig. 1 entnehmen läßt, verlaufen die Armlehnen 3 etwa parallel zur Längserstreckung der Bodenfläche 6. Am oberen freien Ende der Seitenwandung 7 ist ein durchgehender Umfangsrand 1 vorgesehen, der zweckmäßig nach außen umgebogen ist. Die Materialstärke des Umfangsrandes 1 ist etwa gleich groß, um eine gleichmäßige Belastbarkeit sicherzustellen.

Die Länge 1 der Armlehne 3 beträgt etwa ein Drittel der Gesamtlänge L der Badewanne B.

Nach Fig. 1 ist ferner zwischen dem Umfangsrand 1 und der Armlehne 3 ein Seifenbehälter 2 angeordnet, der bei der dargestellten Ausführungsform von einem stufenförmig abgesetzten Teil gebildet wird und direkt an das Handende 9 anschließt. Er dient als Seifenablage. Obgleich nicht dargestellt, kann ein Seifenbehälter anstelle des in Fig. 1 mit 2 bezeichneten im Umfangsrand ausgebildet sein, wodurch sich seine Ausbildung vereinfacht und seine Gestalt frei wählbar ist. Er kann beispielsweise oval oder rechtekkig ausgebildet sein.

Nach Fig. 2 ist eine Abflußöffnung 10 als Armatur an der Fußseite 5 der Badewanne B angebracht. In der Nähe können selbstverständlich auch noch weitere Armaturen wie Wassereinlaufhähne und dergleichen angebracht werden.

Das Kopfende 4 der Badewanne B hat wie an sich üblich einen geneigten Verlauf, wodurch die Fußseite 5 steiler ist und sich etwa senkrecht von der Bodenfläche 6 der Badewanne erhebt.

Die Badewanne B kann an sich aus irgendeinem widerstandsfähigen und für den Anwendungszweck geeigneten Material hergestellt sein. Vorzugsweise besteht sie jedoch aus Stahlblech, das sich aufgrund seiner guten Verarbeitbarkeit und seiner Widerstandsfähigkeit bevorzugt eignet.

12.3 Schutzansprüche

1. Badewanne mit Armlehnen, die seitlich aus der Wannenfläche hervortreten und von innen zugänglich sind, *dadurch gekennzeichnet,* daß die Armlehnen (3) etwa parallel zur Längserstrekkung der Bodenfläche (6) verlaufen.
2. Badewanne nach Anspruch 1, *dadurch gekennzeichnet,* daß die Badewanne (B) einen Umfangsrand (1) hat.
3. Badewanne nach Anspruch 2, *dadurch gekennzeichnet,* daß der Umfangsrand (1) nach außen umgebogen ist.
4. Badewanne nach Anspruch 2 oder Anspruch 3, *dadurch gekennzeichnet,* daß der Umfangsrand (1) etwa gleiche Wanddikke (d) hat.
5. Badewanne nach einem der Ansprüche 1 bis 4, *dadurch gekennzeichnet,* daß die Länge (l) der Armlehne (3) etwa ein Drittel der Gesamtlänge (L) der Badewanne beträgt.
6. Badewanne nach einem der Ansprüche 1 bis 5, *dadurch gekennzeichnet,* daß zwischen dem Unfangsrand (1) und der Armlehne (3) ein Seifenbehälter (2) ausgeformt ist.
7. Badewanne nach Anspruch 6, *dadurch gekennzeichnet,* daß der Seifenbehälter (2) stufenförmig abgesetzt ist und direkt an das Handende (9) der jeweiligen Armlehne (3) anschließt.
8. Badewanne nach einem der Ansprüche 2 bis 5, *dadurch gekennzeichnet,* daß ein Seifenbehälter im Umfangsrand (1) ausgeformt ist.
9. Badewanne nach einem der Ansprüche 1 bis 8, *dadurch gekennzeichnet,* daß Armaturen (10) an der Fußseite (5) der Badewanne (B) befestigt sind.
10. Badewanne nach einem der Ansprüche 1 bis 9, *dadurch gekennzeichnet,* daß die Badewanne (B) aus Stahlblech besteht.

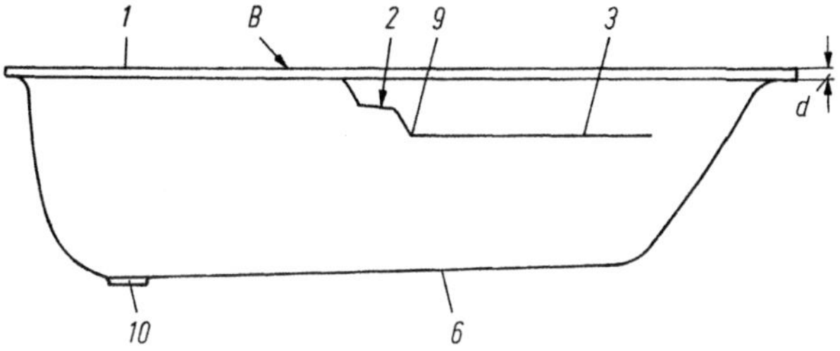
1
B
2
9
3
d
10
6

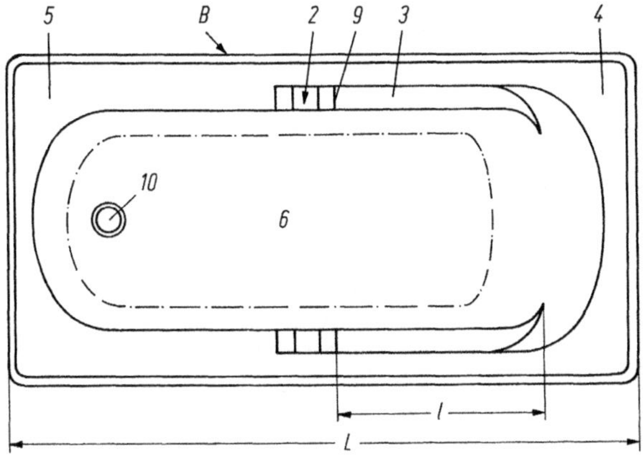
5
B
2
9
3
4
10
6
l
L

Sachverzeichnis

GPSR Compliance

The European Union's (EU) General Product Safety Regulation (GPSR) is a set of rules that requires consumer products to be safe and our obligations to ensure this.

If you have any concerns about our products, you can contact us on ProductSafety@springernature.com

In case Publisher is established outside the EU, the EU authorized representative is:

Springer Nature Customer Service Center GmbH
Europaplatz 3
69115 Heidelberg, Germany

Batch number: 10844675

Printed by Printforce, the Netherlands